古代ロー

饗宴と格差の作法

監修　祝田秀全

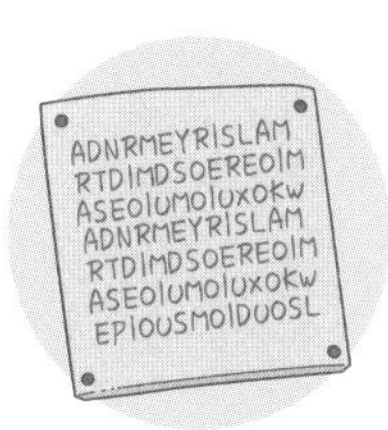

GB

はじめに

西洋的な考え方を文化的な側面から知る

ローマは1日にしてならず――これは、大事業は長年の努力なしに成し遂げられないという意味のことわざである。

今からおよそ3000年前、イタリア半島に誕生した小さな都市国家のローマは、長い年月を費やして古代西洋最大といわれる大帝国を築いた。ことわざに登場するローマとは、現在のイタリアのローマではなく、古代ローマ帝国のことを指している。

ローマ帝国がもっとも繁栄していたのは2世紀前半のハドリアヌス帝が治世していた頃で、帝都ローマは100万人以上の人口を誇っていた。また、文化的にも凄まじく高度であり、公衆浴場のテルマエや円形闘技場のコ

ロッセウムなどは、数々の映画や小説の題材にもなっているのでご存知の人も多いだろう。

とはいえ、古代ローマといえば偉大な支配者だったカエサルやアウグストゥス、暴君だったカリグラやネロは歴史教育で習うので、どちらかというとこちらのほうがメジャーかもしれない。

本書は後者の皇帝の活躍ではなく、前者の文化的側面にスポットを当て、ふんだんなイラストとわかりやすい文章で包括的にまとめている。彼らが日々、どんなものを食べ、どんなところに住み、どんなことを楽しんでいたのか——。 本書をお読み頂ければ、ローマ通になれること請け合いである。

また、古代ローマ帝国の文化は「西洋文明の土台」ともいわれている。人々の多様性が求められる昨今、相互理解を深めるためにも、文化的な背景から西洋的な考え方を知ることは、極めて重要なことといえる。本書がそのきっかけになれば幸いである。

祝田秀全

早わかり古代ローマ①

神話を起源とするローマ帝国

建国以来、7代続いた王政に変わって共和政国家となったローマ。イタリア半島を統一すると、ライバルのカルタゴを降して地中海の覇者となる。

建国神話
神話では、オオカミに育てられた双子の兄・ロムルスがローマの建国者だとされている。

タルクィニウス
傲慢王と呼ばれたタルクィニウスがローマから追放され、王政から共和制へと移行した。

現代の西洋文化に見られるゆるやかな統一性。その背景には古代ローマの存在がある。地中海の覇者となったローマの文化習俗が、言語（ラテン語）を始め、今に至るヨーロッパ文化の源流を形成したのである。

建国神話によると、ローマは軍神マルスの子ロムルスによって建国された。以来、7代続いた王政の間、ローマは勢力を広げるが、やがて傲慢王と呼ばれるタルクィニウス王のときに王政は終焉。その後は元老院を中心に、君主を持たない共和政へと移行した。

当時、貴族と平民の間には厳然たる身分差があった。統治機関の元老院や、政治上のトップである2名の執政官も貴族が独占。 平民は、兵役などの義務は貴族同様に負いながらも、発言権を与えられていなかった。そんな両者の間で身分闘争が生じた結果、平民の権利を守る護民官制度が誕

元老院

元老院は貴族から選出された国の最高議決機関。議員には任期がなく、終身の地位であった。

ポエニ戦争

共和政ローマとカルタゴによるポエニ戦争。カルタゴは象を操りローマ軍を驚愕させた。

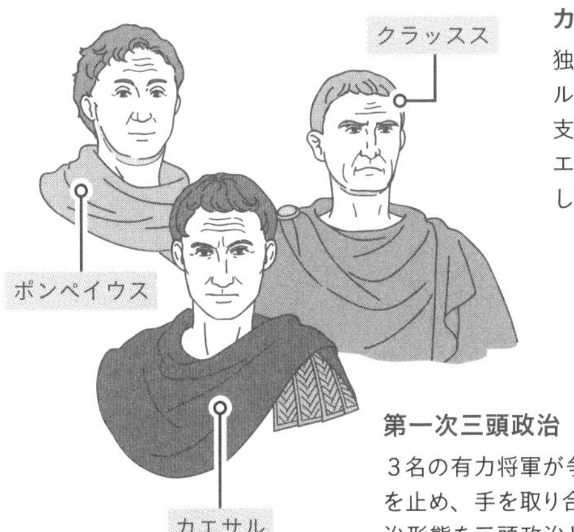

第一次三頭政治

３名の有力将軍が争うことを止め、手を取り合った政治形態を三頭政治という。

カエサルの暗殺

独裁的だったカエサルに対し、共和政の支持者が猛反発。カエサルの暗殺を決行した。

生。十二表法という法律が制定され、貴族と平民が法を共有するようになる。しかし両者の権利が平等に近づいたことは、かえって対立を深める結果となった。

そんな中、イタリア半島を統一し、軍事的には絶頂期を迎えていたローマ。そこに立ちはだかったのが、地中海を挟んだ反対側にあるライバルのカルタゴだ。世界史にその名を刻んだ名将ハンニバルのカルタゴとの3回にわたる激戦を経て（ポエニ戦争）、勝者となったローマは、隣国マケドニアにも勝って地中海世界の覇者となった。

一方で、平民と貴族の対立は深刻化していった。剣闘士奴隷の反乱、同盟市戦争などが続けざまに起き、国内は乱れに乱れる。そんななか、元老院に不満を持つポンペイウス、クラッスス、カエサルによる三頭政治がスタート。やがてカエサルが最高権力者に上りつめるも、独裁者の誕生を危ぶんだ元老院共和政によって暗殺されてしまう。

早わかり古代ローマ②

平和と栄華を極めた帝政時代

カエサルの後継者オクタウィアヌスが権力を掌握。ローマは帝政に姿を変え、パクス・ロマーナ（ローマの平和）といわれる時代が始まった。

第二次三頭政治

紀元前43年に、再び3名の将軍がローマの権力を掌握し、第二次三頭政治がスタート。

カエサル死後の政治的混乱が続くなか、当時18歳のカエサルの養子オクタウィアヌス、カエサルの部下アントニウス、名門のレピドゥスによる第2次三頭政治が始まる。3人は対立する共和政派を排除。すると今度は互いに争うようになり、最終的にオクタウィアヌスが内乱を制して勝利者となった。

ここでオクタウィアヌスは暗殺されたカエサルの悲劇に学び、紀元前27年に共和政ローマの第一人者（プリンケプス）であることを強調。すると元老院から「アウグストゥス（尊厳者）」の称号が贈られ、オクタウィアヌスが国の全権を手中に収める。元首政のかたちをとりつつも実質的な帝政の始まりである。これより200年間が「パクス・ロマーナ（ローマの平和）」と呼ばれるローマの黄金期となる。

アウグストゥス（オクタウィアヌス）の死後、カエサルの家系につながる者が皇帝

テルマエ

帝政時代に花開いたローマ文化。その中でも、公衆浴場は市民の憩いの場であった。

コロッセウム

コロッセウムで行われた刺激的な見世物は、ローマ市民にとっての最高の娯楽だった。

五賢帝

平和と繁栄を享受した帝政ローマの最盛期。ローマ文化が周辺国にまで広がった。

の座に就いた。この系統は暴君ネロまで5代100年間続く。帝政中期に皇帝位に就いたネルウァ、トラヤヌス、ハドリアヌス、アントニヌス・ピウス、マルクス・アウレリウス・アントニヌスを「五賢帝(ごけんてい)」と呼び、この時期が古代ローマの最盛期となった。トラヤヌス帝のときに帝国の領土は最大になった。地中海世界がひとつの帝国により安定統治されたことで、地域経済が活性化しただけでなく、東南アジアや中国までも含めて交易圏が拡大した。

学問を好み、哲人皇帝と称されたマルクス・アウレリウス・アントニヌス帝の治政下、ローマは財政や軍務の問題に悩まされるようになった。そして五賢帝の時代が終わりを告げると、俗に「3世紀の危機」といわれる時代が到来。帝国の支配力が目に見えて低下したことで、各属州の軍団が独自に皇帝を擁立。共同皇帝も含め50年間に計26名が誕生した(軍人皇帝時代)。

早わかり古代ローマ③

巨大帝国は東西分裂から滅亡

広大な帝国領土は東西に分割統治される。その後、再統一と再分割を繰り返したのち、西ローマ帝国は5世紀に、東ローマ帝国は15世紀に滅亡する。

ディオクレティアヌス
ローマ帝国を東西に分割したディオクレティアヌス。筆頭皇帝を名乗り、自らを神格化した。

ローマ帝国は巨大になり過ぎた。3世紀末に登場したディオクレティアヌス帝は、広大な帝国の領土を東西に分割。それぞれ正副2人ずつ、計4人の皇帝が領土を分割統治する四帝分治制を開始する。そうすることでローマ帝国の支配を安定させようと考えたのだ。

結果として、各帝の管轄領土は減りはした。その反面、属州はより細分化され、官僚ポストも急増したことで官僚制の整備が進んだ。そんななかディオクレティアヌスは、自らを筆頭皇帝と名乗る。皇帝を絶対の権力者とする、中央集権的な専制君主制を築くためである。

ディオクレティアヌスの退位後、西の副帝の子コンスタンティヌスがローマ帝国を再統一。先帝の改革を引き継いで官僚制の整備などを行う一方、キリスト教を公認して自らも改宗した。この点については、専制君主としてキリスト教を迫害したディオ

コンスタンティヌス

現在のイスタンブールの前身、コンスタンティノープルに新都を築いたコンスタンティヌス。

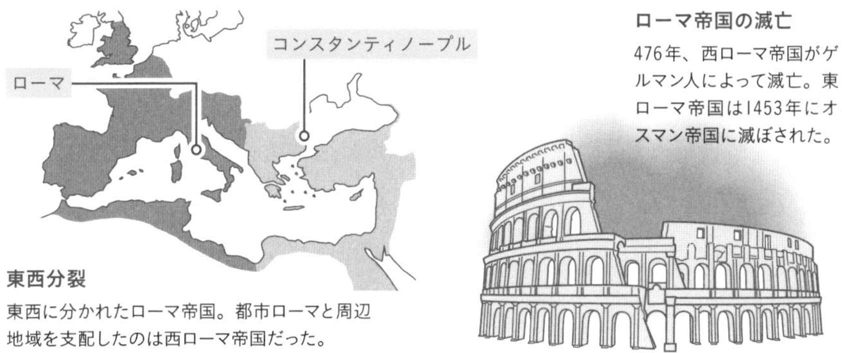

ローマ帝国の滅亡

476年、西ローマ帝国がゲルマン人によって滅亡。東ローマ帝国は1453年にオスマン帝国に滅ぼされた。

東西分裂

東西に分かれたローマ帝国。都市ローマと周辺地域を支配したのは西ローマ帝国だった。

クレティアヌスと真逆の方針である。背景には、キリスト教がすでに一大勢力となっていた事情がある。弾圧ではなくその力を借りて帝国を統治しようとしたのだ。

このことを足がかりに、キリスト教はヨーロッパ全土へと広がりを見せていく。コンスタンティヌスの今ひとつの業績は、コンスタンティノープル（現イスタンブル）に新都を築いたこと。この地が東西再分裂後の東ローマ帝国の首都となった。

キリスト教を国教化したテオドシウス帝は395年ローマ帝国の東西にそれぞれ皇帝を建てる体制をとった。ローマは以後、二度とひとつになることはなかった。4世紀後半、ゲルマン民族の侵入が強まると、西ローマ帝国は476年に滅亡。帝冠は東ローマ皇帝に返還された。残った東ローマ帝国だけ、その後もイスラム勢力との攻防を繰り返しつつ存続するが、1453年にオスマン帝国の攻撃によって滅亡した。

contents

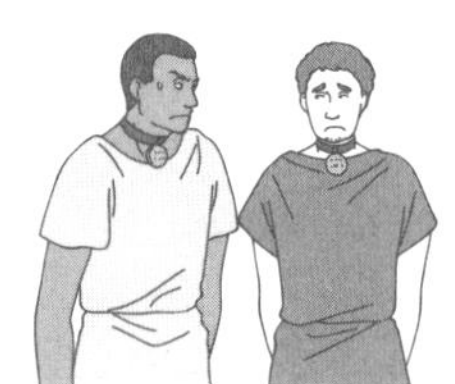

3章　奴隷の作法

4章 帝国軍の作法

◆しくみ

◆防具・武器

◆戦

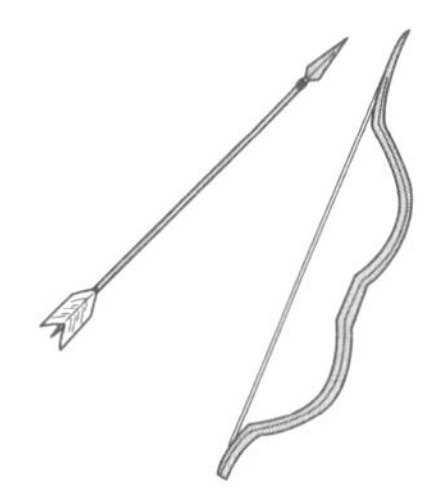

column

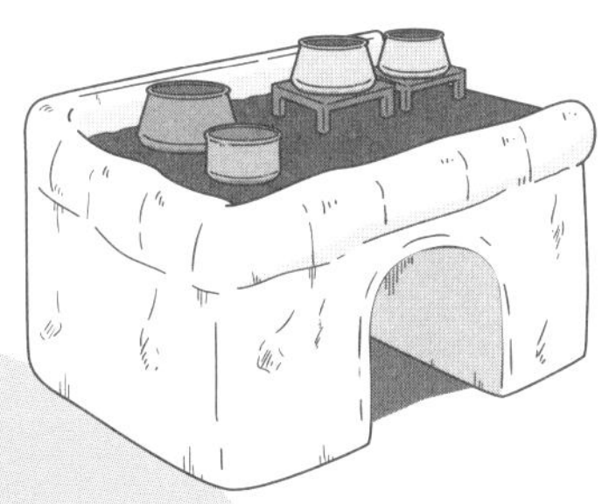

1章

暮らしの作法

およそ2000年以上前に隆盛を誇ったローマ帝国。その繁栄を支えたローマ人たちの生活水準は驚くほど高く、少子化問題など現在と共通する点も多かった。本章では、ローマ帝国の社会制度や仕事、教育、冠婚葬祭、インフラ事情などローマ人の文化と日常生活を解説する。

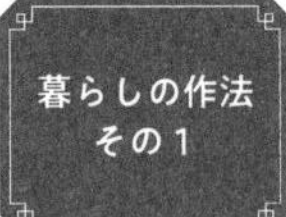

皇帝から奴隷まで、7つの階級で成り立つ格差社会

該当する時代	王政期	共和政期	**帝政期**

該当する人々	**皇帝**	**富裕層**	**自由人**	**奴隷**

古代ローマ社会には複雑な身分制度があった

自由かつ平等、そして文化的なイメージがある古代ローマ。しかしながら、社会階級には奴隷がいるという前時代ならではの側面を持っていた。

古代ローマの社会階級を2つに大きく分類すると、前述の「奴隷」と、人としての権利・自由を持つ「自由人」があった。また、自由人はみな平等というわけではなく、「生来自由人」と「被解放自由人」とに区分けされた。

生来自由人とは、自由人として生まれた者のことで、さらにローマ市民と属州自由人（属州に居住している自由人）からなる。

被解放自由人とは、法律上の奴隷身分から解放された者のことである。被解放自由人はさらに、リベルティ（奴隷解放されて自由になったローマ市民）、ラテン人、降伏外人の3つに分けられた。ちなみに、リベルティには市民権があったものの官職に就くことはできなかった。

生来自由人の中にも家柄や財産、職位や出身地などによって格差があった。皇帝を頂点として、元老院議員（パトリキ〈貴族〉で構成）、その下に騎士（エクイテス・主に土木事業者）というピラミッド型の階級があったのである。

帝政期前、騎士は馬に乗って闘う貴族のことを指したが、帝政期に入ってからのローマでは一定以上の資産を持つ富裕層で、元老院入りしていない市民を指すようになった。騎士は元老院議員に次ぐ帝国第二身分であったが、働きぶりが認められれば元老院議員に抜擢されることもあった。

前述に触れた社会階級の最上位に君臨する皇帝は、絶対的権力を持ち、古代ローマの民たちを繁栄に導く最高指導者というのは言わずもがなである。古代ローマ社会は、こうした身分格差のもとで絶妙なバランスが保たれていたのだ。

ハッキリと分かれた身分制度

身分によって就ける職も異なるなど、ハッキリとした制限が設けられていた。

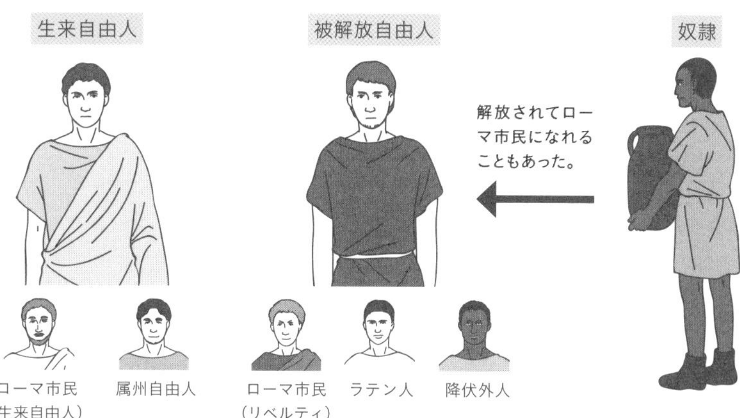

身分の分類

古代ローマにおける身分は、大きく自由人と奴隷に分けられていた。しかし、細かく分類すると自由人も2つの種類に分けられ、奴隷の身分から解放された者は「生来自由人」になることはできず、「被解放自由人」という括りにされた。市民権を得ることができても、さまざまな制限が課された。

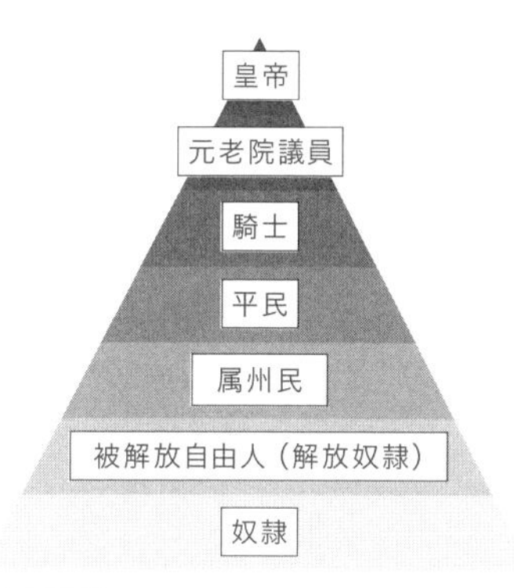

社会階級

古代ローマにおける社会階級は7つに分かれていた。下から奴隷、解放奴隷、属州民、平民、騎士、元老院議員。そして、最上位に皇帝がいた。

リベルティ

リベルティとは、奴隷解放を経て自由になったローマ市民を指し、彼らは就ける職が限られていた。祖父の代まで自由人でなければ就くことのできない職業も存在した。

暮らしの作法
その2

貴族は貧民を手なずけて選挙を有利に進めた

該当する時代	王政期	共和政期	**帝政期**

該当する人々	**皇帝**	**富裕層**	**自由人**	**奴隷**

私的な信義で結ばれた古代ローマの人間関係

古代ローマ社会には「保護者（パトロヌス）」と「庇護民（クリエンテス）」という私的な庇護関係があった。

貧しい者はより裕福な貴族や権力者を保護者とし、その保護者はもっと高い地位や財産を持つ者の庇護民になっていた。

庇護民は朝起きると、まず挨拶とご機嫌伺いに保護者の家に行く。庇護民は護衛や雑用、公衆浴場に行くときのお供などを務めた。

その一方で、庇護民は、保護者にお願いや仕事の口利きを頼むこともあった。貧しい庇護民を抱えていた保護者は、庇護民に金銭や食料、贈り物などの施し物（スポルトゥラ）を与えることがあった。

また、保護者は、庇護民が裁判沙汰になったときなどは、法廷で弁護するなど、さまざまな場面で庇護民を保護していた。

このように保護者は庇護民に対して法的、財政的、政治的援助を与える存在であり、ローマ市民は、みな自分より高い地位や財産を持つ者と相互扶助の関係を結んでいたのである。

では、保護者は何を目的として庇護民を守っていたのだろうか？保護者にとって、もっとも重要なことは、自分自身の権力基盤を強化することであった。たとえば保護者が公職に立候補したときには、庇護民は保護者に投票を行ったのだ。

多くの庇護民を抱えることは、保護者にとって自分の支持者を増やし、公職に就くときの票の獲得につながっていたのである。

また、ローマ人は地中海地域に広がる帝国内を旅行するときにも、旅先で裕福な同郷人から金銭を援助してもらうこともできた。古代ローマ社会には、こうした人間関係のネットワークが張り巡らされていたのである。

相互扶助

保護者と庇護民はギブ＆テイクの関係

庇護民は生活の援助、保護者は権力基盤の強化のために、持ちつ持たれつの関係にあった。

相互扶助の関係

保護者は、庇護民の金銭、食料の援助のほか、仕事の口利きなどを行う代わりに、自分が公職に立候補した際には庇護民に投票を促した。

挨拶

庇護民は毎朝、保護者の家に出向き挨拶を行った。こうした訪問のことを「表敬訪問」といい、毎朝恒例の習わしであった。

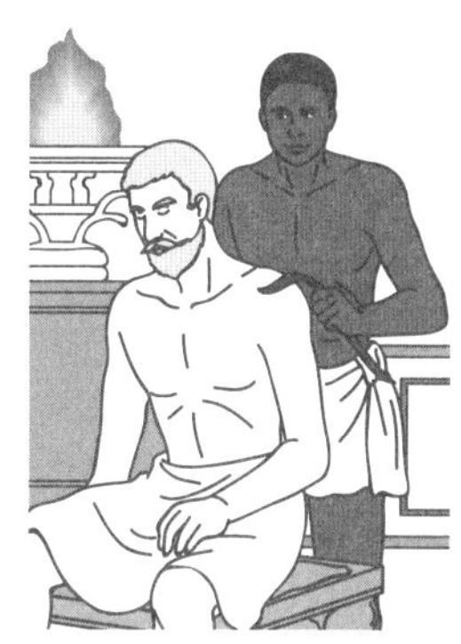

口利きの頼み事

庇護民は、保護者のもとへ挨拶に行くとき、ついでに仕事を紹介してもらったり、裁判での弁護を頼んだりするなどの願い事もした。それを叶える代わりに保護者は選挙の際に票を得ていた。

施し

表敬訪問に訪れる庇護民は、中級から下級層の庶民が多かった。日々の食べ物に事欠いていた者は保護者から食べ物や金銭などの施し物（スポルトゥラ）をもらっていた。

お供

庇護民として保護者を支持する立場にあった者たちは、数々の恩恵を受ける代わりに外出や風呂のお供をしたりと、可能な限り保護者に尽くした。

暮らしの作法
その3

ローマ市民は食費と娯楽費が無料だった

該当する時代	王政期	共和政期	**帝政期**

該当する人々	**皇帝**	**富裕層**	**自由人**	**奴隷**

ローマ市民にはさまざまな権利が認められていた

一般的に古代ローマ帝国の人々の総称として「ローマ市民」という言葉が使われることが多い。

しかし古代ローマ帝国のローマ市民とは、ただの「ローマに住んでいる人」のことではない。「ローマ市民権」を持っている人すべてを指す言葉なのである。たとえローマから遠く離れた属州に住んでいても、市民権を持っていれば「ローマ市民」だったのだ。

ローマが建国されたばかりの頃、戦争が起こると農民が兵士として徴用され、その代わりに参政権が与えられた。これがローマ市民権の始まりである。

紀元前2世紀半ばにローマ市民の没落が進んだことで、生活苦などで出兵する余裕がない人々にも市民権が与えられることがあった。とはいえ、ローマ市民権を与えられたのはあくまで限られた人たちで、ローマに住んでいたとしても外国人や奴隷に与えられることはなかった。

ローマ市民の最大の特権として認められていたのは前述の参政権である。共和政時代には執政官や法務官などの政務官が国政を行っていたが、ローマ市民は民会に参加し、政務官を選出したり重要な案件の採決に参加したりすることができた。

またローマ市民は、政務官などの公職に立候補することができた。そして能力次第では元老院議員などの高級官僚になることができたのである。

そのほか、上訴権、財産所有権、婚姻の締結権などもローマ市民の権利だ。

さらに、ローマ市民の権利としてよく知られるものに「パンとサーカス」がある。これは小麦などの食料の無料配布と、検闘士奴隷の対戦試合や演劇などの娯楽を無料で見物できるという権利だった。このおかげで、貧しくてもローマ市民が飢え死にすることはなかった。

ローマ市民権

限られた者しか持てなかった市民権

市民権を持っている人のみが、ローマ市民として認められた。条件を満たしていればローマ居住者以外でも認められた。

上訴権

頻繁に裁判が行われていた古代ローマ時代。不服を申し立てる上訴は、ローマ市民のみ許された特権だった。

参政権

ローマ市民権を持つ者は政治への介入を許され、選挙での投票を行えたり、重要な案件の採決に関われたりした。

財産所有権

ローマ市民には、自分が所有する財産を自由に使用したり破棄したりできる権利が与えられた。

パンとサーカス

権力者から無償で食糧と娯楽を楽しむ権利が与えられていた古代ローマ社会を指す言葉。市民の飢えを凌ぐ効果も見られたけれど、「パンとサーカス」という言葉は揶揄として生まれた。

暮らしの作法 その4

男性は165cm、女性は155cm ローマ人の平均身長は低かった

該当する時代	王政期	共和政期	帝政期

該当する人々	皇帝	富裕層	自由人	奴隷

ローマ人の低い身長は食糧不足が原因だった？

人口100万人に達していたローマには、生粋のローマ人だけでなく、多種多様な人種が行き交っていた。

髪の色や体格も人それぞれで、実際のローマの住人の多くは、属州の出身者だった。ラテン系の特徴を持つローマ人よりも、トルコや中近東、アフリカ系の人たちのほうが多かったという。

発掘された骨の分析から、紀元1～2世紀頃のローマ人の平均身長は、男性165cm、女性155cmほどと、現在のヨーロッパ人よりもかなり低かったことがわかっている。

ローマ人は不自由のない暮らしをしていたと思われがちだが、飢饉によって食糧が不足することがあり、それが身長の低さにつながっていたと考えられている。

もうひとつのローマ人の特徴は、長い名前だ。たとえばユリウス・カエサルの場合、フルネームは「ガイウス・ユリウス・カエサル」である。「ガイウス」は第一名（プラエノーメン）で、個人名を表している。第一名は種類が少ないので、一般的にGとかMといったイニシャルで表された。

「ユリウス」は第二名（ノーメン）であり、その人が所属する「氏族名」、「カエサル」は第三名（コグノーメン）で「家族名」を表している。

一般的に家族名（第三名）は、「赤毛」や「左利き」など身体的な特徴を表した、あだ名のような性格を持っていた。

ローマ市民はすべて、この3つの名前を持つことになっていた。さらに「○○の息子」などといった父称と、35あった選挙区のどこに所属しているかも合わせて名乗ったため、正式名称は非常に長いものになった。しかし実際にこの長い名前がすべて呼ばれていたわけではない。共和政期には第一名と第三名が呼ばれるだけで、帝政期には第三名だけが呼ばれていた。

現代人よりはるかに小柄だった!?

古代ローマには属州出身の者も多くいたことから、髪や肌の色はもちろん、体格までもが異なっていた。

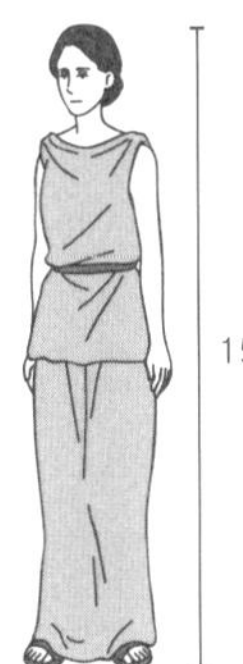

女性

当時のローマ人の骨の研究が進んだ結果、女性の平均身長は155cm程度であったといわれている。

男性

男性の平均身長は165cm程度だったといわれている。当時の飢饉の影響で食糧不足による栄養失調の痕跡も残されていたことから、生粋のローマ人は背が低いとされている。

さまざまな人種

古代ローマには多種多様な人種が入り混じっていた。そのため髪の色や肌の色、体格までもがバラバラな人たちが町を行き交っていた。

ローマFILE

女性は肌が白かった

古代ローマの女性の価値は肌の白さで決まった。当時の裕福な女性たちは、頭ひとつが隠れる程度の日傘を欠かさず使用していた。

暮らしの作法
その5

生き物を扱う肉屋や魚売りは、いやしい職業と見なされた

該当する時代	王政期	共和政期	**帝政期**

該当する人々	皇帝	富裕層	**自由人**	奴隷

仕事は日の出からお昼まで?女性にも多くの仕事があった

ローマ市民には小麦が支給され、生きるのに最低限の食料は保証されていた。しかし庶民は働かなければ家賃も払えないほど困窮していたため、仕事を持っていることが多かった。

古代ローマの都市部ではパン屋、八百屋、金物店、歯医者などの店がたち並び、小売業や職人、サービス業などさまざまな職業が存在していた。

職業の中でも多かったのが職人である。職人といってもさまざまで、洗濯・染物業を生業とする職人、大工、家具師、指物師、鍛冶職人、靴職人、ガラス職人、銅細工職人などがあった。

当時は現代のような機械がなかったので、作業は手仕事で行われていることが多かった。それぞれの職人は専門性の高い技術を持ち、客1人ひとりの細かい要望に応えることができたのだ。そのため職人たちの多くは、店・作業場と住居を兼ねた個人商店を構えていた。

古代ローマ人たちの労働時間は、職業によって幅があった。一般的には日が昇ってから昼食までの6時間ほどを労働にあて、午後は余暇とするのが理想とされていた。とはいえ、多くの人が朝から日暮れまで仕事をしていたのだそう。

古代ローマでは女性も働いていた。特に都市の下層階級では、多くの女性が小売業などで働き、乳母、助産婦、女医、調髪師、美容師といった専門性の高い仕事もあった。だが、多くの女性は女優、琴弾き、踊り子として娯楽分野で働いており、当時は社会的な地位は低いと見られていた。

上流階級の市民たちは「娼婦・男娼や肉屋、魚売り、料理人、漁師」などを、もっともいやしい職業と見なし、小売業や職人のことを軽視していた。しかし庶民たちは自分たちの仕事に誇りを持ち、それぞれ組合を組織するなどして生計を立てていたのである。

ローマ市民の多くは職人だった

職人たちのほとんどは、店と作業場を兼ねた個人商店をそのまま住居として使用していた。

大工

集合住宅や邸宅、公共建築物の床や天井に施された彫刻などの材料は木材だったため、加工や建築を担った。

鍛冶職人

金属を鍛錬して数々の製品を生み出してきた鍛冶職人の技術はとても優れていた。

靴職人

古代ローマの人々はシュチュエーションによって靴を使い分けていた。靴職人は彼ら1人ひとりの細かくてこだわりの強い要望に正確に応え、靴を作り売っていた。

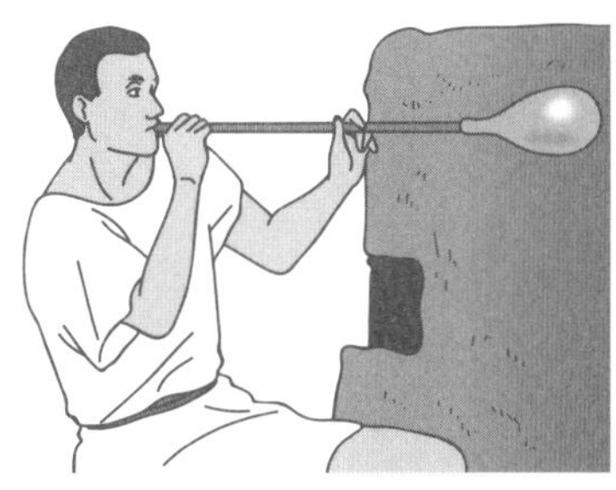

ガラス職人

古代ローマで作られた「ローマンガラス」は大量に生成されていた。 ガラス職人は、型を使って容器を作くるほか、「宙吹き技法」という当時編み出された技を駆使していた。

女性の仕事

女性も大半が仕事をしていた

古代ローマでは、多くの女性が仕事をしていた。その仕事内容は、男性よりも幅が狭く、専門性の高いものが多かった。

乳母

生まれてきた新生児の世話をする仕事。基本的に授乳は母親と乳母で行っていた。

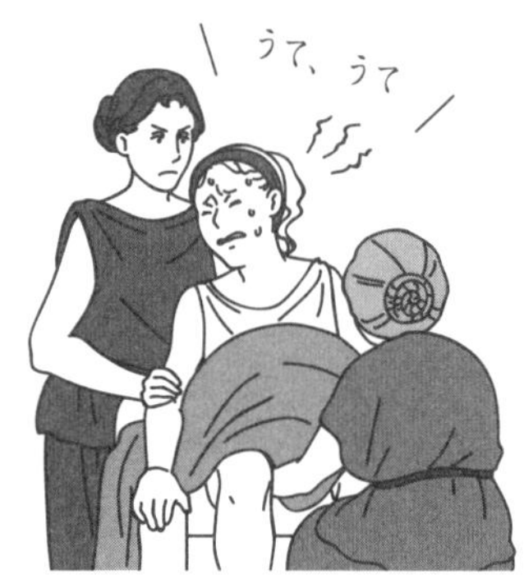

産婆

生まれてくる新生児を取り上げる仕事。当時は椅子に座って出産をすることが普通であったため、数人がかりで母体のケアも務めた。

家庭教師

裕福な家庭では、子どもの教育のために家庭教師を雇うことが多かった。雇われるのは女性が多く、勉学に長けている奴隷などの多くが子どもの教育係を務めた。

美容師

女性の髪を流行りの髪型に編み込んだり、色を染めたりするのは女性の仕事だった。ブロンドが流行れば色を抜き、流行りが過ぎ去れば黒く染めるなど、クライアントの要望に応え続けた。

織物業

古代ローマの女性が生産業で働くことは極めてまれなことであった。その中で唯一数多くの女性が担ったのが、生地の生産や加工を行う織物業だった。

醜業

上流階級市民からは軽視される職業

社会的地位が低いと見なされる職業も多く存在し、偏見などに苦しむこともあった。

娼婦

古代ローマでは、結婚できない男性が多く存在した。そんな彼らの欲を満たすのが娼婦の仕事だった。

肉屋

上流階級の人々は、飲食関係の仕事をする人たちのことも下に見ていた。肉屋もそのひとつだったが、彼らは自分の仕事に誇りを持っていた。

魚売り

魚を仕入れ、売るまでの一連の業務を担った魚売りには女性が多く、よく声が通り、気が強そうな風貌をしているのが特徴だった。

料理人

貴族のお抱えから日雇いの者まで、さまざまなタイプの料理人が存在した。腕が良ければ高給も見込めたが、仕事場の設備は十分に整っておらず、苦労していた。

暮らしの作法
その6

階層や男女に関係なく、みんな初等教育が受けられた

該当する時代	王政期	共和政期	**帝政期**

該当する人々	**皇帝**	**富裕層**	**自由人**	**奴隷**

初等教育は分け隔てなく中等以上は富裕層だけ

古代ローマでは、子どもたちは7歳頃から初等学校（ルードゥス・リテラールム）に通っていた。

学校といっても、現在のような政府が設立した一般向けの学校ではない。

校舎があるわけでもなく、町の公共広場に面した柱廊の一画や、1枚のカーテンで仕切られただけの暗いオイルランプですすけた店舗・バラック、辻などで授業が行われていた。

子どもたちはこれらの屋外の教室で蝋引きの板を膝にのせ、ベンチに一列に並んで座り、勉強していた。

生徒は男女共学、階層に関係なくさまざまな子どもが通っており、奴隷の子どもも通っていたといわれている。

授業は主にアルファベットを中心とする読み書きと、先生が読み上げる文章を暗唱する暗記が中心だった。

計算は、ローマ数字から「九九」、分数計算まで。複雑な計算をするときには、溝そろばん（木の板に彫った溝の中で小石を動かして計算する当時のそろばん）を使うこともあった。

4年間の初等教育が終わると、裕福な家庭の子どもは中等学校に進み、ラテン語やギリシャ語の文法や文学の勉強をした。一方、庶民層の子どもは、生活のために働き始めた。

中等教育を受ける裕福な家庭の子どもは、路上で授業をするわけにもいかないので、生徒の自宅か特別に設けられた教室で勉強した。使っていた教材は、ラテン文学のウェルギリウスや雄弁家のキケロなどの作品で、先生がそれらを解説し、天文学、音楽の韻律、数学、地理などの知識も教えていた。

15〜16歳で中等教育を終えると、裕福な家庭の子は教師を替え、修辞学の教師について弁論術を学んだ。弁論術に長けていれば、政治家や弁護士など、社会的な地位の高い職業に就くことができたからである。

子どもの教育

学びは富める者の特権

初等教育が修了したあと、引き続き勉学に励めるのは裕福な家庭に生まれた子どもだけだった。

文章の暗記

初等教育の主な授業のひとつだった。パピルスの巻物が教材として使用された。

計算

現在の算数で使われているアラビア数字は発明されていなかったので、子どもたちは時計の文字盤に使われていたローマ数字を計算に利用した。

多言語の文法・文学

ラテン語やギリシャ語の文法や文学を学んだ。教材となったのはウェルギリウスやキケロの作品だった。

弁論術

15～16歳になった富裕層の子どもたちは、修辞学の教師につき弁論術を学んだ。社会的地位の高い職に就くためには必要不可欠な技術だった。

暮らしの作法
その7

ゆったりとした長い1枚布がローマ人の正装だった

該当する時代	王政期	共和政期	帝政期

該当する人々	皇帝	富裕層	自由人	奴隷

男性の正装「トガ」や、女性の髪型には流行があった

古代ローマ人が身分・年齢・性別を問わず、日常的に着ていたのは、「トゥニカ」と呼ばれるウールや亜麻製のワンピースである。2枚の布地を肩と脇で縫い合わせたもので、首からかぶって着用し、帯を締めていた。

裕福な人たちにとってトゥニカは寝間着や下着にすぎなかったが、平民や奴隷にとっては唯一の服だった。

ローマ人の男性は、長いシーツのような服を着ていた。これは「トガ（長衣）」といって、トゥニカの上に身につけるローマ人の成人男性の正装だった。

トガは羊毛か麻で作られた直径6mほどの半円形の1枚布。着るには奴隷の手助けが必要で、長い布でうまくドレープを形作って着こなすのはひと苦労だった。

トガの着用が許されていたのは、ローマ市民だけ。ローマ市民権を持っていない外国人や奴隷、解放奴隷などが着ることは禁止されていた。

上流階級の男性が外出するときには、必ずトガを着用した。トガの色や縁取りの色は階級によって決められ、皇帝と将軍のトガは、高価な紫の地に金糸の刺繍が施されていた。元老院議員は深紅、そのほかの上流階級は赤か紫、庶民のトガは生成りか単色のものだった。

一方、女性は、「ストラ」というトゥニカが足首まで長くなったような服を着ていた。外出するときにはトガを着る代わりに、「パッラ」という長方形の長いショールを巻いた。

女性の髪型もさまざまで、初期のローマでは、髪を中央で左右に分け、うしろで結んだりする単純なものだった。

帝政初期になるとしだいに洗練されていき、紀元前1世紀頃、上流階級の女性たちの間では、炭火で熱した金属製の焼きごてでカールした髪を何段にも重ねる髪型が流行した。

服装

正装はローマ市民の証

古代ローマにおいて正装とされていた服を着ることができたのは、ローマ市民だけだった。

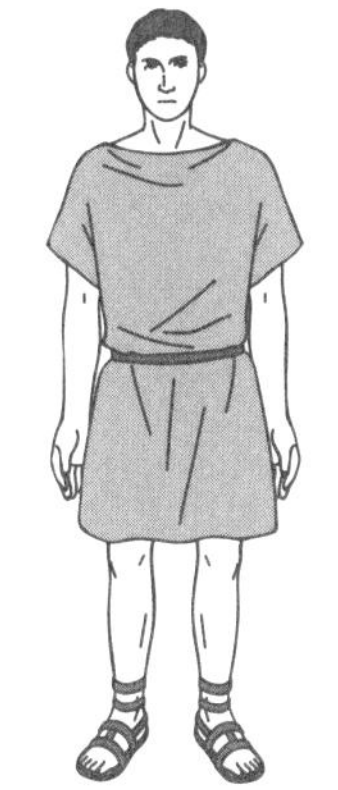

トゥニカ

着やすく便利であったため男性のもっとも一般的な服装であった。庶民や奴隷にとっては、唯一の服でもあった。

トガ

成人男性が着用する正装として用いられた。羊毛で作られたこの服は、裕福な家庭で育った者の外出用の服として用いられた。

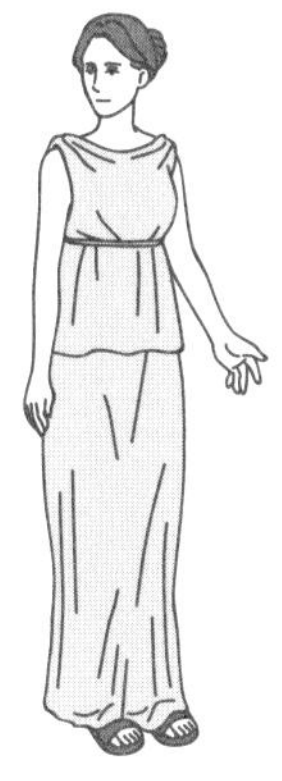

ストラ

女性の一般的な服装。トゥニカの丈を長くしたような服で、裾には細かいひだが入れられ、美しく見えるよう工夫された。

パッラ

女性は外出時にストラを着用した。また、その上にパッラと呼ばれる膝まで届く長さがある長方形のショールを巻いた。

女性の髪型

女性は、髪型にも強いこだわりを見せた。古くから伝わる髪型は髪を中央に分け、ひとつにまとめるだけの簡易的なものだったが、時代が進むにつれ、カールした髪を何重にも重ねるような派手な髪型が流行った。

犬や鳥、ライオンも!?
古代ローマ時代のペット事情

該当する時代	王政期	共和政期	帝政期	
該当する人々	**皇帝**	**富裕層**	**自由人**	**奴隷**

多くの動物が飼われていたが特に人気だったのは犬

古代ローマ人は、家畜とは別にさまざまな動物をペットとして飼っていた。

犬や鳥はもちろん、珍しいものでは、サル、ヘビ、キツネ、ライオン、魚なども飼われていたようだ。

中でも多くのローマ人にペットとして愛されていたのが犬である。

古代ローマ時代に書かれた諷刺小説『サテュリコン』には、金持ちのトリマルキオという人物が飼っている犬が登場する。フィクションとはいえ、その犬は肌触りの良い布に包まれ、食べきれないほどの食べ物を与えられていたと書かれているほど愛されていた。

また犬は、牧羊犬や番犬も務め、ローマ人の財産を守るために一役かっていた。紀元1世紀、ベスビオ火山の噴火で滅んだ都市ポンペイでは、家に番犬がいることを知らせる「犬に注意」と書かれたモザイクが残っている。

当時、すでに盲導犬もいたと考えられている。ベスビオ火山の噴火で失われた都市ヘルクラネウムの遺跡からは、犬に案内されている人を描いた絵が見つかっている。

犬は、街では残飯やゴミを食べ、清掃する役目も担っていた。犬を愛する人が多かった古代ローマでは、飼い犬が死ぬと墓を作り、墓碑銘に記すという文化があったほどだ。

犬以外で人気があったのは、鳥である。一般的に飼われていたのは鳩で、雀、ツグミ、ナイチンゲールなども飼われていた。中でも人気があったのは、カササギやオウムなどの「しゃべる鳥」だった。

一方、古代ローマの美術品などに見られるネコの姿は、ほとんどがネズミを退治しているところを描いたものだ。このことから、ネコはネズミ捕りとしては重要な存在だったが、ペットとしてはあまり飼われていなかったと考えられている。

ペット事情

人々の暮らしに役立つ存在

番犬、盲導犬、ネズミ捕りとして活躍することも。また、癒やしの存在としても愛されていた。

犬

現代と変わらず、犬は古代ローマでも多数飼われていた。ときには番犬として主人の財産などの守り手や猟犬になるなど、さまざまな役割を果たした。

鳥

鳩や雀やツグミなどが一般的に飼われていた。多くの人に好まれたのは、オウムなどのしゃべることができる鳥だった。

ネコ

多く飼われていたが、その目的はネズミ捕りのためだった。ペットとしてはあまり飼われていなかった。

ウサギ

愛らしい見た目から、少女に人気の動物で、幼い娘のために飼う家庭が多かった。

そのほかの動物

猿や蛇、狐、ライオンなどの珍しい動物や、凶暴な動物もペットとして飼われることもあった。

暮らしの作法
その9

上流階級は妻側から離婚を申し出ることが多かった

該当する時代	王政期	共和政期	帝政期

該当する人々	皇帝	富裕層	自由人	奴隷

ようやく結婚できても待っているのは離婚？

古代ローマでは、男性は14歳、女性は12歳で結婚することができた。

ローマの法律では、ローマ市民同士の結婚が前提だった。ラテン人以外の外国人はローマ市民とは結婚できず、もちろん奴隷との結婚も認められていなかった。また4親等内の血縁者との結婚も禁じられていた。

結婚相手を決めるのは父親の役割で、結婚する際にもっとも重要だとされた条件は、一族の家柄や資産だった。

さらに花婿には将来性、花嫁には純潔性と子どもを産む能力が必要だった。花嫁には、持参金として「嫁資（ドス）」が求められた。ローマ人の結婚は家同士の釣り合いも重視されたので、富裕層になるほど持参金の額もつり上がっていった。用意できなければ、結婚することは許されない。

結婚式の前には婚約式が行われた。花婿・花嫁の双方の親が結婚の誓約を交わし、花婿側が結納を贈って指輪の交換を行った。このときに持参金の額などが決められ、その取り決めは法的な責任を伴っていた。

結婚式当日は、朝から友人や親類縁者が集まっていた。結婚式では神々に生贄が捧げられ、結婚誓約書へのサインが行われる。その後、仲人役の婦人が、新郎新婦の手を結び合わせるのが習わしだった。

夕方まで披露の宴が続けられたあと、新婦は新郎の家に向かう。このとき新婦は「あなたがガイウスである限り、私はガイア」という決まり文句を唱えた。

一方、上流階級では離婚率が高かった。特に帝政期の自由奔放な上流階級の女性たちにとって「子どもを産んで母になるのは退屈で疲れることだ」と考えていた。それが夫婦のつながりにヒビを入れることになり、離婚は妻から言い出されることが多かったのである。

身分によっては結婚できなかった

古代ローマの時代で結婚するには、年齢だけではなく家柄や資産などさまざまな条件が細かく決められていた。

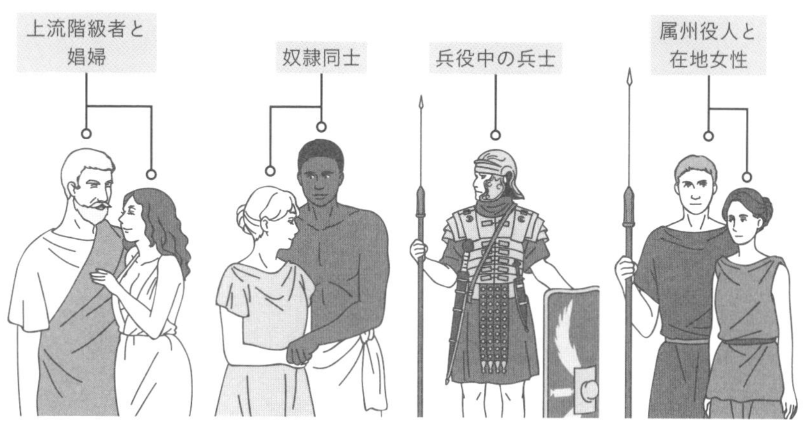

結婚の禁止事項

元老院家系などの上流階級者が娼婦などの職に就く者と結婚することは許されなかった。奴隷同士の結婚も基本的に認められていなかったほか、兵役中の兵士も結婚ができない決まりがあった。

さまざまな嫁資（ドス）

古代ローマの結婚は、家柄が何よりも重要視された。花嫁が支払わなければいけないドスの相場も、身分が高くなるにつれ跳ね上がったが、ドスは現金だけでなく不動産や奴隷、衣服、宝飾品などの形で支払われることもあった。

結婚の条件

男性は14歳、女性は12歳で結婚できた。年齢をクリアしてもローマ市民同士でなければ結婚はできず、父親が決めた資産や家柄の条件を満たす者が見つからなければ結婚することはできなかった。

結婚式

結婚式はイベントが盛りだくさん

裕福な家庭の者と結婚したい場合は、花嫁側が相応の額のドス（嫁資）を用意することが求められた。

婚約式

結婚式の前に、必ず婚約式を行った。両家の顔合わせの目的で行われるもので、結婚の誓約を交わすほか、指輪の交換や法的な責任を伴うような取り決めが行われた。

前日の様子

結婚が決まった女性は、結婚式の前日に幼い頃から使っていたぬいぐるみを家に備えている神棚に捧げるという決まりがあった。

結婚式

当日は、朝から友人や縁者が集まり盛大に祝われた。神々に生贄が捧げられたり、新郎と新婦の双方が誓いの言葉を述べるなど、盛りだくさんなイベントが用意された。

食事会

食事会では、花嫁の頭の上でパンを割り、割れたパンの片方を新郎が食べるという習わしがあった。この行いをもって、2人はともに生活することを誓い合った。

初夜

結婚式の段取りがすべて終了したあと、新婦は新郎の友人に担がれて新郎の家の敷居を跨いだ。そのまま新郎が待つベッドまで運ばれ、一緒に熱い夜を過ごした。

子育て問題で夫婦関係が悪化!?

古代ローマでは子育てに対する印象が悪く、子どもを育てる生活に嫌気がさした妻が離婚を申し出ることが多かった。

同棲・内縁

結婚が認められないローマ市民以外の者たちは、同棲や内縁という形のみの生活を送っていた。

子育てを嫌う女性

上流階級の女性の中には、母になることが退屈で疲れるものだと考える風潮があった。当時出産は、命の危機すらも伴う行為とされていたため、子どもを産むことを嫌う女性が多かった。

離婚

華々しく結婚式を挙げた夫婦の愛も永遠ではない。子育ての問題など、夫婦の関係を壊れやすくする出来事も多く、離婚は珍しいものではなかった。

独身者や子どものいない夫婦は法律によって罰せられた

該当する時代	王政期	共和政期	帝政期

該当する人々	皇帝	富裕層	自由人	奴隷

古代ローマが抱えていた少子化と新生児遺棄問題

ローマ帝国は少子化問題を抱えていた。ローマの人口を維持するには、ローマの女性は生涯に子どもを5人以上産む必要があった。

これは現在の日本に比べて非常に高い数値だが、医学や予防衛生学が未発達だった当時、乳幼児の死亡率が非常に高かった。5〜6人の子どもを産んでも、大人になるまで成長できる子どもは、半分もいなかったのだ。

しかもローマの女性は、みな5〜6人の子どもを産んでいたわけではない。上流階級の女性は、出産や子育てを敬遠していることが多く、子どもの数はますます減っていった。当時、出産は命がけであり、流産や早産、多産などによって生命の危険にさらされることが多かったためだ。

そこでローマ帝国の初代皇帝アウグストゥスは、紀元前18年に「ユリウス法」、紀元9年に「パピウス・ポッパエウス法」を制定し、主に上流階級の女性に対して結婚・出産を奨励した。20〜50歳の女性と25〜60歳までの男性に結婚を義務づけ、独身者や子どものいない夫婦には罰則を定めた。逆に子だくさんの家庭にはさまざまな特権を与えたりした。

古代ローマでは、多くの新生児が遺棄されるという問題もあった。新生児が生まれると「トッレレ・リベルム」という儀式が行われた。これは、家父長が新生児を抱き上げて家族の一員であることを認める儀式だが、家父長が認めない場合は、子どもを遺棄することができたのである。

上流階級の人たちは不貞関係で生まれた子を遺棄することが多かった。一方、貧しい人たちは、生活苦から労働力になる男の子より、女の子が捨てられることが多かった。遺棄された子どもは、餓死するか奴隷商人に売られてしまったのである。

出産

深刻化する少子化問題

医学が発達しておらず、命の危険を伴う当時の出産。一方で新生児が遺棄される問題もあった。

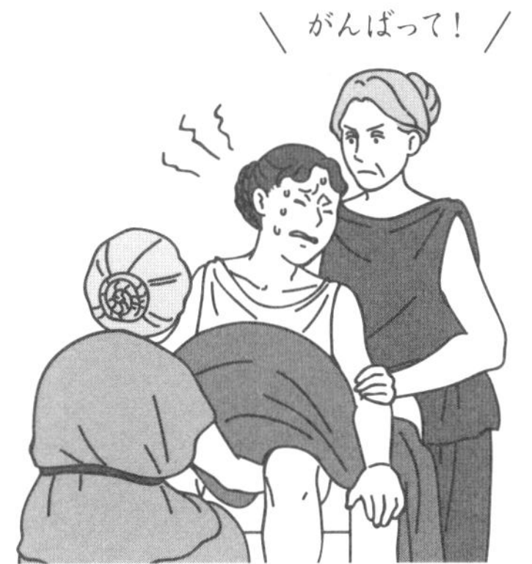

出産

少子化問題を解決するために、ひとりの女性が5～6人の子どもを産むことが望ましいとされたが、当時の医学では流産や早産が多く、母体、乳児ともに危険にさらされていた。

儀式

古代ローマでは、生まれた乳児の生死が家父長に握られた。「トッレレ・リベルム」という儀式があり、家父長にこの家の子どもだと認められた乳児は、その場で抱き上げられた。

遺棄

家父長に認められなかった乳児は遺棄され、奴隷となるか死ぬかの運命が待ち受けていた。また、庶民は子どもを育てる経済力がないばかりに生まれた子どもを遺棄することもあった。

当時としてはかなり高層!?
庶民の住まいは7階建ての集合住宅

該当する時代	王政期	共和政期	帝政期

該当する人々	皇帝	富裕層	自由人	奴隷

貧しい人ほど壊れやすくて不便な上層階に住んだ

都市として栄えたローマは最盛期には人口が100万人を超えて過密状態となり、土地が不足していた。

一戸建ての家を持てるのは、富裕層の中でもごくわずかな人たちだけだった。庶民は現代のマンションやアパートのような高層集合住宅に住んだ。集合住宅は「インスラ」と呼ばれ、ラテン語で「島」を意味した。こんもりとした集合住宅の見た目から島と呼ばれるようになったのだ。

インスラは大体2〜7階建てで、四角い箱のような外観だった。4階まではレンガで作られて、5階以上は木材など軽い建材が使用された。つまり、上階に行くほどもろくて壊れやすかったのだ。また、当然ながらエレベーターなどはなく、階段で昇り降りしないといけなかった。

そのため、現代のタワーマンションの反対で、お金を持つ人は下の階に住み、貧しい人ほど上の階に住んだ。

1階には商店が入ることも多かった。また、1階の玄関付近には共同の水くみ場が作られた。ローマには水道網があったものの、水道を上階まで引き上げることはできなかったので、2階以上の住人たちは水くみ場に水をくみに行ったのだ。また、インスラには台所とトイレもなかった（42〜43ページ参照）。

決して快適とはいえないインスラだったが、家賃は高かった。しかも家賃収入を増やすため、インスラのオーナーは階数を高くして住人を増やそうとした。それゆえに倒壊の危険がつきまとったので、初代皇帝アウグストゥスは70ペス（約20m）以上のインスラを作ってはいけないと定め、後のトラヤヌス帝はその基準を60ペス（約18m）とさらに厳しいものにした。だが、規制を守らない違法なインスラも多かった。

庶民の住まい①

さまざまな危険と隣り合わせだった集合住宅

深刻な土地不足により、狭い土地にひしめき合うようにして立ち並んでいた集合住宅にはさまざまな問題が潜んでいた。

インスラ

家を持たないほとんどの庶民は、高層住宅に住んでいた。こんもりとした見た目がひとつの島に見えたことから、島を意味する「インスラ」という名がつけられた。2～7階建てで、住居は2階からであった。

インスラの問題

崩壊

弱く脆い素材で簡易的に作られていたため、頻繁に崩れて事故が多かった。

火災

インスラは燃えやすい木材も建築素材として使用された。夏は乾燥が激しく、よく火災が発生した。

隣人トラブル

上層階に住む住民は、平気で窓の外からゴミや糞尿を投げ捨てた。壺などを投げ捨てる人もいたため、近隣住民は建物の下を歩くのにも気を使った。

暮らしの作法
その12

キッチンとトイレがあるのは、お金持ちが住む一戸建てだけ

該当する時代	王政期	共和政期	帝政期

該当する人々	皇帝	富裕層	自由人	奴隷

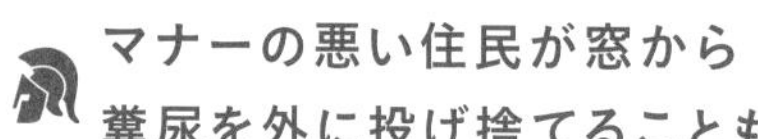

マナーの悪い住民が窓から糞尿を外に投げ捨てることも

前頁で紹介した「インスラ」は外見だけ見れば、現代のマンションやアパートのようだが、水道もなく、キッチンやトイレもなかった。キッチンやトイレがあるのは、裕福な人が住む一戸建てだけだったのだ。

一戸建ての家のキッチンには、かまど、鍋などの調理器具、食器類、樽や壺などの貯蔵容器、洗い物のためのタライなどが置かれていた。キッチンがないインスラの住人は、火鉢のような簡単な炉で調理したり、近所の食堂を利用したりした（火災を防ぐため、部屋での煮炊きが禁止されていることもあった）。

古代ローマのポンペイ遺跡で見つかった家屋では、水洗なしのトイレが台所のなか、またはすぐ隣に作られていた。これは、台所で出たゴミとトイレの汚水を同じ場所で処理していたからである。衛生的に問題はあったが、家屋の構造上、仕方のないことだった。

インスラの住人は建物内にトイレがないので、有料の公衆トイレを使った。公衆トイレ内のベンチ状の便座にいくつも穴が開いていて、そこに座って用を足した。現代のような個室タイプではないので、人々はトイレを使いながら会話も楽しんだのだ。

インスラにはトイレはなかったが、トイレ代わりに使われる甕が置かれていた。この甕に排泄物を溜めたのだが、外に向かって排泄物を投げ捨てるマナーの悪い住人もいた。

上階の窓から捨てられる物の中には壺や皿などの硬い物もあった。汚いだけでなく危険だったため、インスラの窓から物を捨てることが法律で禁止された。落下物で通行人が被害を受けた場合には、インスラの住人全員が責任をとらないといけないことになったが、それでも住人たちの投げ捨ては減らなかったという。

庶民の住まい②

ローマ人は公衆トイレで雑談を楽しんだ

庶民が暮らしていたインスラには、トイレをはじめ生活に必要な設備がなく、人々は公衆トイレで用を足した。

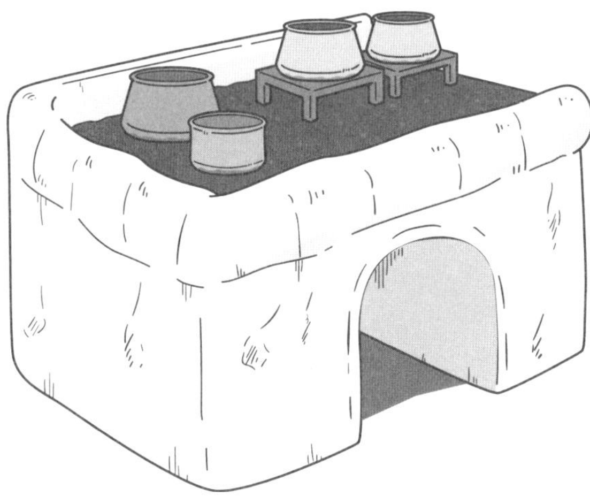

キッチン

古代ローマでは、キッチンは社会的地位を示す指標だった。庶民が暮らす住宅にキッチンは設置されていなかったため、自宅で食事をとるというのは、裕福な者にのみ与えられた贅沢であった。

トイレ

庶民が暮らす自宅には用を足す場所も整っていなかったため、庶民は有料の公衆トイレをその都度利用した。庶民はそこで一緒になった者と会話をするなど、公衆トイレは社交場のような場所だった。

暮らしの作法
その13

集会、競技、見世物etc.
街の広場は市民の多目的ホール

該当する時代	王政期	共和政期	帝政期

該当する人々	皇帝	富裕層	自由人	奴隷

たくさんの住民たちの生活に根付いた広場

大都市ローマにはさまざまな場所に広場があった。その中でも、街の中心にあったものはフォルム・ロマヌムと呼ばれ、一番有名な広場だった。

ラテン語のフォルムとは、公開討論会や法廷を意味する英語「forum（フォーラム）」の語源であり、商業活動や集会を行う場所のことを指している。フォルム・ロマヌムは、もとは市場として使われていた場所だった。やがて儀式や見世物、競技で使われ、さらに政治のための施設がまわりに建設されるようになった。

こうした経緯を経て、フォルムでは人々が政治について話し合ったり集会を開くようになったりと、市民生活の中心になった。周囲に神殿もあったので、集まった人々が祭壇で燃える女神ウェスタの火を拝むこともあった。

古代ローマは共和政から帝政へと移り変わり、帝政期には市民たちの間で政治的な活気は失われていたが、フォルムでの集会は続いた。戦争や疫病のときには祈りの場になり、人が亡くなったときには追悼演説が行われる場にもなったのだ。帝政期のフォルム・ロマーヌムのまわりには元老院議事堂、裁判などに使われるアエミリウスのバシリカ列柱が並ぶアーケード状の建築物とユリウスのバシリカ、女神ウェスタの神殿、ユリウス・カエサルの神殿、アウグストゥスの凱旋門などがあった。

首都ローマの中心にあるということで、フォルム・ロマヌムには金のマイル表示石（里程標）も置かれた。マイル表示石には、ローマ帝国の主要都市からの距離が記されていたのだ。

ローマが発展すると、フォルム・ロマヌム以外に新たなフォルムも作られた。それらのフォルムは、皇帝とローマ帝国を讃えるモニュメント的な意味合いを持っていた。

生活の中心地

政治・信仰・商業のすべてを担う街の広場

古代ローマには、毎日多くの人々が集い、賑わいを見せた帝都の中心広場があった。

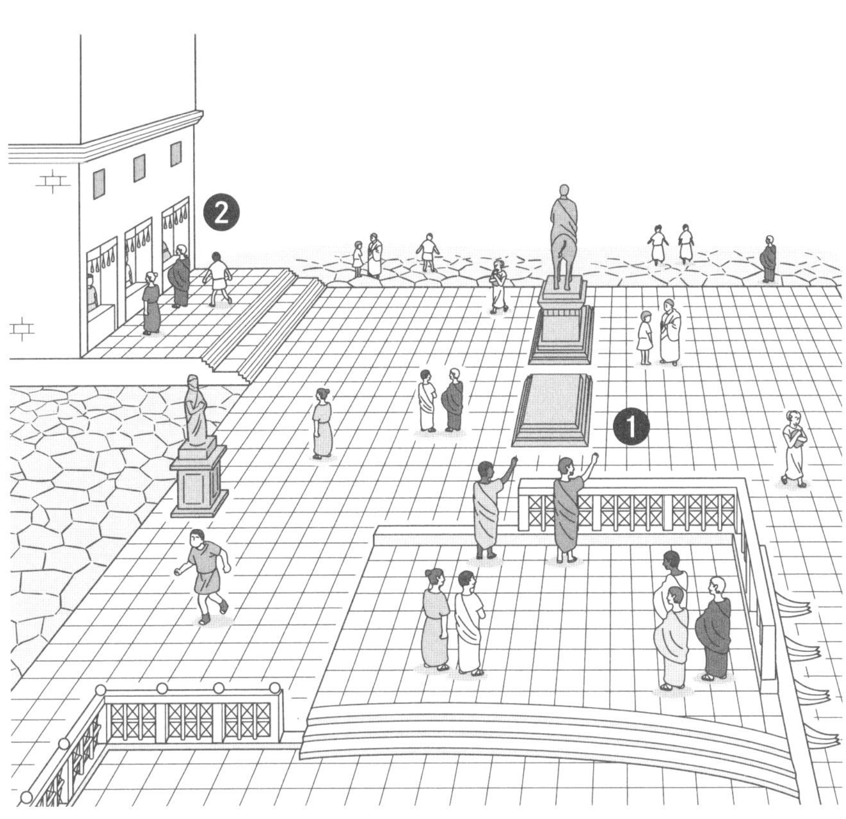

❶フォルム

広場と呼ばれたそこは、大理石で造られた神殿や公会堂、評議会場などに囲まれており、集会場のような役割を果たした場所だった。周辺には銀行や商店が集積していたため、階級にかかわらず、有権者から奴隷まで多くの人々が行き交った。

❷商店

多くの人が行き交うフォルムには、たくさんの商店が軒を連ねた。ローマ市民にとって商店は、何でも手に入る便利な場所であった。

暮らしの作法
その14

完成まで400年！全長15万kmのローマ街道

該当する時代 ▷ 王政期 | **共和政期** | **帝政期**

該当する人々 ▷ **皇帝** | **富裕層** | **自由人** | **奴隷**

ローマ市内では夕方以降だけ馬車の通行が許可された

「すべての道はローマに通ず」ということわざがある。手段は違ってもたどりつく結論は同じといった意味で、古代ローマが道路政策を重視していたことから生まれた言葉である。

都市ローマは、古くからイタリア半島における交通の要衝（ようしょう）だった。古代ローマは植民都市や属州を結ぶ街道を張り巡らせたことによって、首都を中心とした物流と軍事活動のネットワークを作り上げたのだ。

ローマ街道は、紀元前312年に政治家アッピウス・クラウディウスが建設したアッピア街道から始まった。街道は共和政の時期から帝政期にかけて広がっていき、支線も含めると全長15万kmにも及ぶ規模になった。

道路は四層構造で作られた。砂利や砂などで基礎を固めてから、玄武岩の石畳を敷いたのだ。

街道の幅はおよそ4.8～6.5mで、馬車がすれ違うことができた。道路の両脇には排水溝が作られ、雨水が流れるようになっていた。排水溝の外側には歩道が設けられていた。つまり、現代の道路と同じような作りになっていたのだ。

街道を作る工事には、ローマ軍の兵士も駆り出された。兵士は戦いがないときは道路工事などの公共事業に従事したのだ。ローマ街道は街と街をつないだが、ローマ市内にも道路が網の目のように走っていた。市内の道路は、上流階級の人々が載った輿（こし）（奴隷たちが担いで運んだ）や歩行者たちも利用した。

道は常に混雑していた。交通量を抑えるため、日の出から午後4時頃までは一部の例外をのぞいて馬車や荷車が市内を走ることを禁じられた。多くの車は夜間に市内を走ることになり、石畳と車輪が起こす騒音で眠れなくなる市民も多かったという。

ローマ街道

手作業で石畳を敷き詰め、400年かけて完成！

ローマ繁栄の礎ともなったローマ街道は、軍隊の敏速な移動を目的として張り巡らされた。

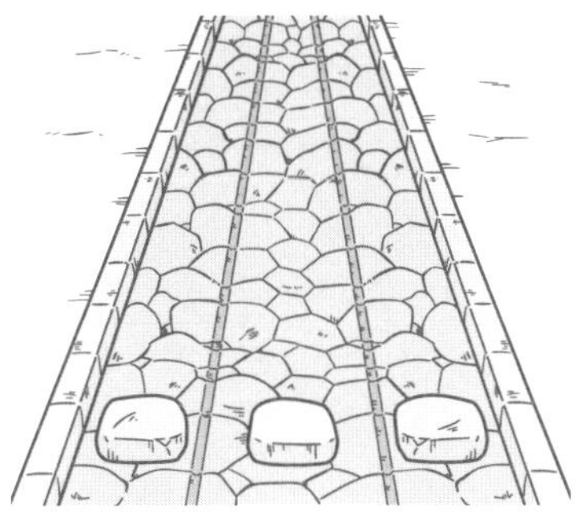

全長15万km

最初に敷設が始まってから約400年の年月をかけて15万kmという長さまで及んだ。帝国内に張り巡らされた道は、古代ローマを大きく繁栄させた。

手作業で舗装

砂利や小石を敷き詰めたあとに、玄武岩の石板を敷くなど念入りに舗装された。市内の道路には、荷馬車などを避けるための歩行用の飛び石も設置された。

安眠妨害

昼間の街道は人がひしめき合っていたため、車両の乗り入れは禁止されていた。そのため、夜間での移動を強いられたことから、近隣住民は荷馬車などが道を通る騒音に悩まされた。

道幅が狭い

馬車がスムーズにすれ違うために必要な道幅で作られた道路は、帝国各地から集まった人々がすれ違うには狭く、毎日道路は人であふれた。

暮らしの作法
その15

死亡率の上昇は、いい加減な下水処理が原因

該当する時代	王政期	共和政期	帝政期

該当する人々	皇帝	富裕層	自由人	奴隷

下水道を作ったものの衛生状態は悪かった

世界最古の水道は、古代ローマで作られた。首都ローマに人がたくさん集まるようになると、水不足が問題になった。ローマはテベレ川のふもとに作られたが、テベレ川の水だけでは足りなくなったのだ。

そこで、水不足を解決するために作られたのが水道だった。近くの山の水源地から水を引く工事を行ったのだ。46ページでローマ街道は政治家アッピウス・クラウディウスが作ったアッピア街道から始まったと紹介したが、最初の水道もアッピウス・クラウディウスが作ったアッピア水道だった。

当初は地下に水道を這わせていたが、紀元前2世紀半ばのマルキア水道では水道橋(すいどうきょう)が作られた。アーチ構造の水道橋はローマの高度な建築技術の象徴だが、アーチには崩れにくいという特性があった。水を高い位置で通したのは、起伏の多いローマ市内でもまんべんなく水を供給することを可能にするためだった。ローマの人口が100万人を超えたときには、1人あたりの水の消費量は現代の東京都民の2倍にもなったという。

水道は石で作られたが、水が通る管は最初は木や陶器で作られた。やがて金属が使われるようになり、鉛製の管が登場した。送水管に自前の管をつないで水を盗む者が現れたので、簡単に加工できないようにしたのだ。だが、鉛が水に溶け出すことで慢性的な鉛中毒という被害も生み出した。

水道管を通じて市内のさまざまな場所に水が運ばれた。そこで使われた水は大下水道(クロアカ・マキシマ)を通って、テベレ川に流れ込んだ。

高い技術が注ぎ込まれた上水道と違って、下水処理のほうはいい加減で、テベレ川の水質は汚染された。こうした衛生状態の悪さが、ローマ市民の死亡率を高めたとも指摘されている。

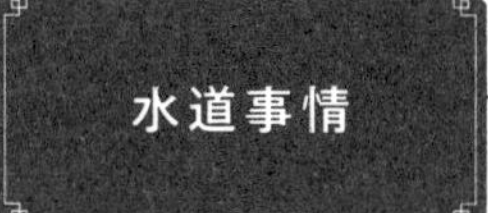

現代人もびっくりの水道技術

古代ローマ市内に安定的に水が行き届いていたのは、ローマ人が高度な技術を持っていたからだった。

上水道は安定していた

貯水槽や水道管を通して公共の噴水に運ばれた水は、市民の生活を支えただけでなく共同浴場の繁栄にも役立った。

高度な技術が利用された水道橋

アーチ構造で、水路を支えるアーケードのような役割を持っていた水道橋。水面を高く保つことで、ローマ市内全体にまんべんなく水を供給するために建築された。

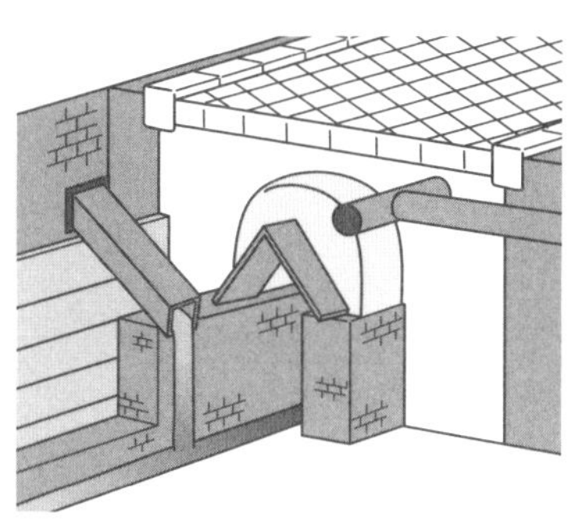

排水システム

郊外から引かれた水は、土管などでできた送水管から公共の噴水などへ供給された。公共トイレなどから出た汚物は下水管へと注がれ、そのままテベレ川へ排出された。

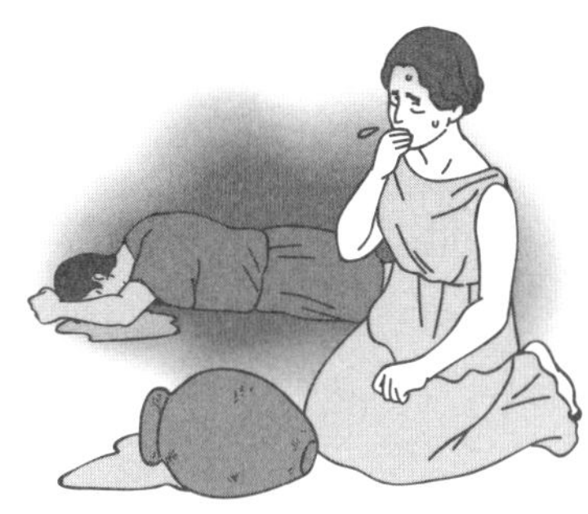

いい加減な下水処理

上水道が安定していても、下水の処理はそのまま川に流すだけという粗悪なものだった。こうした衛生状態の劣悪さが、当時のローマ市民の死亡率を上昇させた。

暮らしの作法
その16

ゴミ放置や騒音etc.
治安悪化で住みづらい巨大都市

該当する時代 ▷ 王政期 | 共和政期 | 帝政期

該当する人々 ▷ 皇帝 | 富裕層 | 自由人 | 奴隷

ゴミ問題や騒音問題etc. ローマは生きづらい町だった

最盛期には人口が100万人を超えていたローマは、古代随一の過密都市だった。首都ローマの人口が増加した理由のひとつは捕虜だ。たびたび行われていた戦争で捕らえた大勢の捕虜が、奴隷として連れてこられたのだ。また、奴隷を使った大規模な農場との競争に負けた農民が、農地を捨ててローマにやってくることも多かった。このようなケースが重なって、首都ローマはたくさんの人ですし詰めの状態になったのだ。

膨大な市民を抱えることで、ローマには活気だけでなく、さまざまな問題が生まれた。代表的なのがゴミ問題で、道を往来する人々が排出するゴミだけではなく、飼っていた羊などの家畜の糞尿も道路を覆っていた。古代ローマの詩人ユウェナリスは、「通りを歩くのは汚泥の中を歩いているのと一緒だ」と述べている。

また、人が集まれば当然のことながら大声や騒音を出す者もいたため、ローマの人々は騒音問題にも悩まされた。ユウェナリスと同時代を生きた詩人のマルティリアスも、「朝は教師の大声、夜はパン屋がパンを作る音、日中は職人のハンマーの音が騒々しい」という内容を自著に記している。

ゴミ問題や騒音問題に悩まされたローマ人だが、さらに治安の問題も抱えていた。ローマには街灯がないので、夜になれば急に暗くなる。すると強盗や泥棒などに手を染める者がどこからともなく現れ、町に暮らす人々を脅かした。ちなみに先述のユウェナリスは、「夜の通りをひとりで歩くつもりなら、その前に遺言書をしたためなければ、それは怠慢だ」と述べている。裕福な者は用心棒を雇ったり奴隷を伴ったりすることができたが、そうでない者にとってローマは生きづらい町だったのかもしれない。

都市問題

夜に出歩くなら用心棒と一緒に

大都市であったローマでは、人の多さゆえに起こる数々の問題が街の治安を悪化させ、住民を苦しめていた。

道路を覆うゴミ

人が多く行き交った道路には、捨てられたゴミや商店から出たゴミなどで常にあふれかえっていた。この状況に多くのローマ人が嘆いた。

騒音問題

日中は行き交う人々の大声やざわめきが響き渡ったローマ市内。夜は日中に通行を禁止された車両が音を立て道路を走るせいで、ゆっくり眠ることも困難だった。

治安の悪さ

街灯がなかったローマの夜は暗かった。物取りや窃盗が横行し、一人で夜道を歩く行為は大変危険とされた。

用心棒を雇う

夜に出歩く用事があるならば、用心棒を雇うか奴隷を連れて歩くべきだと書き残した詩人がいるほどだった。

暮らしの作法
その17

葬儀の際、死者の口に硬貨を入れる習わしがあった

該当する時代	王政期	共和政期	帝政期

該当する人々	皇帝	富裕層	自由人	奴隷

当初は火葬が行われたが土葬が広がっていった

生活環境が悪かったため、古代ローマの人たちは長くは生きられなかった。乳児の死亡率が高かったこともあり平均寿命は20〜25歳程度だったのだ。60歳以上まで生きられた人は少なかったと考えられている。

死が身近だった古代ローマでは、葬儀が重視されていた。なぜなら適切に弔わないと死者が悪霊になってしまうと考えられていたからだ。古代ローマ人たちは死者の魂のことを「マネス」と呼んだ。マネスには食事や酒を供え、血を捧げることもあった。もともと剣闘士奴隷の試合は葬式で催されていたが、これはマネスに血を捧げるためだったという説もある。

遺体は埋葬された。埋葬地、つまり墓は市内ではなく、市外の街道沿いに作られた。当時の法律では市内で土葬や火葬にすることが禁じられていたのだ。ちなみに、共和政の時代は火葬が中心だったが、帝政の時代の初期から土葬が行われるようになった。これは東方の習慣の影響だった。

葬儀は、大まかには以下のような形で行うことになっていた。

①死亡したら、遺族が一斉に故人の名前を呼ぶ。②遺体を清めて死化粧を施す。

③冥土（めいど）の川を船で渡る際に渡し守に支払う硬貨を、遺体の口に入れる。

④埋葬日まで数日、安置する。遺体の服は整えておく。親類縁者に連絡する。

⑤埋葬日、遺体を葬儀用の輿（こし）や台に載せて墓所へ運ぶ。墓所には、楽士や泣き女を引き連れた行列で向かう。

⑥そして最後に、墓所で遺体を火葬か土葬にした。

身分の格差が大きいローマだったので、葬儀にも違いがあった。裕福な人たちは葬儀を盛大に行い豪華な廟（びょう）を作ったが、庶民の葬儀は参列者もいず、集合墓に葬られるだけだった。

葬送

葬儀の規模は身分次第

故人の葬式が執り行われるまでには数多くの流れが存在し、富裕層になればなるほど盛大に、丁寧に行われた。

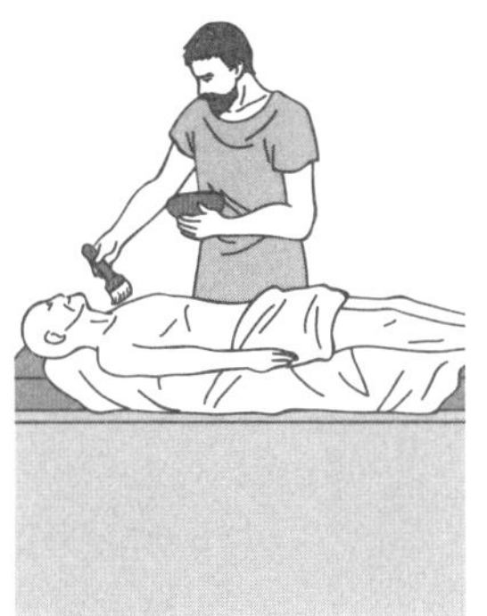

油を塗る

亡くなった者は、その亡骸を丁寧に清められ、死化粧を施したあとに、全身に油を塗られた。

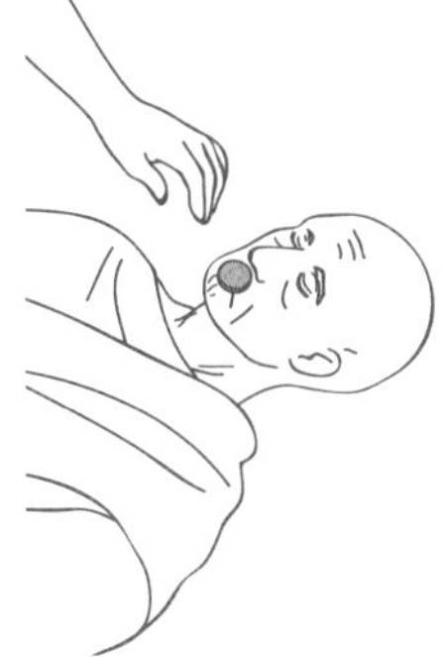

硬貨を乗せる

冥土の川の渡し守とされていたカローンへの渡し賃として、口の中などに硬貨が一枚入れられた。

葬列

富裕層の葬儀となると参列者は多く、中には泣き女や楽士、踊り手なども一緒に参列し、個人を盛大に送り出した。

土葬

当時のローマでは土葬と火葬が併用されていたが、費用のかからない土葬が一般的であった。

公職は盛大に送られた

公職などの裕福な身分の者は、個人の墓を建てることができた。しかし、それができたのはローマの人口の1%にも満たなかった。

暮らしの作法 その18

牛や豚の内臓で吉凶を占って、余った肉はみんなで食べた

該当する時代	王政期	共和政期	帝政期

該当する人々	皇帝	富裕層	自由人	奴隷

自分たちのローマの神々をギリシャの神と同一視した

古代ローマで信じられたのは多神教で、さまざまな神が崇められた。

ただし、ローマの神々はギリシャの神々と同一視されていた。たとえば、ローマの主神ユピテルはギリシャの主神ゼウスと、ローマの海神ネプチューンはギリシャの海神ポセイドンと、ローマの軍神マルスはギリシャの軍神アレスと同じものとして扱われていたのだ。神々が登場する神話もギリシャ神話から非常に大きな影響を受けた。

当然ながら、ギリシャに影響を受ける前のローマ独自の神々や神話も存在したはずだが、本来の神々の性格や神話のストーリーがどういったものだったのかは、ほとんどわかっていない。

ギリシャだけでなく、ほかの国の神々も自分たちの神として迎え入れている。インド・イランの太陽神ミトラ、エジプトの豊穣の女神イシスなどがローマの神として取り入れられたのだ。

帝政期には死んだ皇帝を国家神として祀ることもあった。ただし、神になれる皇帝は功績を残した者に限られ、「この皇帝は神にはなれない」と元老院が判断することもあった。

ローマ人の家には入口にララリウムという神棚があり、一日の平穏を祈流など信仰心もあつかった。

信仰は政治にも結びついた。国内のさまざまな場所やローマ市内には大きな神殿が作られ、神官のトップである大神官長は皇帝が務めた。

神への祭礼では、生きた牛や豚などが生贄(いけにえ)として捧げられた。生贄を切り裂くと、腸卜官(ちょうぼくかん)という神官が内臓で吉凶を占った。政治において重大な決断を下すときは占いに頼ったのだ。なお、生贄の内臓は神に捧げられ、残りの肉は祭礼の参列者が食べた。

農村部で行われた祭礼では、農作物を神に捧げた。生贄を使う都市部と違って素朴な祭礼だった。

政治にも影響した神々の存在

ローマの人々は宗教に関しては寛容であり、多神教が信じられていた。

信仰された神々

天空の神ユピテル、火と竈の女神ウェスタをはじめ、海や軍神、病気を治してくれる神など、ありとあらゆる分野において守護神が存在した。どの家にも祀られていた神にはペナテス、ラレス、ゲニウスなどの神格がいた。

ララリウム

ローマ人の家の入口には、階級問わずどの家にも神々を祭る小さな神棚が存在した。人々は毎日、そこで祈りを捧げた。

生贄

古代ローマでは、生贄として動物が使用された。占い師によって生贄にした動物の内臓で吉か凶かが占われ、その状態から神意を読み解いた。その後、生贄の内臓は神への供え物となった。

SPECIAL EDITION ①

完全密着！ローマ市民24時

ローマ市民の
朝から晩まで
を追う

**古代ローマ市民の日々の暮らしを 24 時間にわたって完全密着。
彼らは何を食べ、何をして、何に夢中になったのか？**

ローマ市民は完全なる朝型だった！

AM5：30

起床

ローマ市民の朝は早かった。毎日、日の出とともに奴隷によって起こされていたローマ市民は完全な朝型。古代ローマでは、自分専用の寝室でひとりで寝ることが「優雅なこと」とされていたため、夫婦であっても寝室は別であることが当たり前だった。朝起きたあと、身体や顔は洗わないというのも、当時の特徴のひとつだ。

朝の礼拝は欠かせない毎日の日課

AM5：45

ララリウム

起きたらまず、「ララリウム」と呼ばれる神棚にお供え物を捧げ、家族全員で礼拝することが古代ローマの習慣であった。この風習は、貧富の差を問わずどこの家庭にも存在するもの。古代ローマ人は、神々や精霊が祀られているララリウムで礼拝をすることによって、一家は災いから守られていると信じていた。

シンプルかつ健康的な食事が並ぶ

AM6：00

朝食

ララリウムでの礼拝を終えたあとは、家族そろって朝食を頂くのが一般的だった。食卓に並ぶのはパンや卵、チーズ、果物といったもので、基本的にはララリウムで捧げたものと同じメニューであることが多かった。裕福な家には料理人の奴隷もいたが、朝食はシンプルであったため、その出番は少なかったようだ。

毎朝有権者のもとに集い、ご機嫌伺い

AM6:30

表敬訪問

中〜下流階級の市民が保護者のもとへ毎朝訪れる習慣を「表敬訪問」といった。これに訪れた市民は、保護者に願い事を聞いてもらったり、仕事の口利きや裁判での弁護をしてもらったほか、小銭や食べ物などを与えてもらった。こうした施しを受けた市民は、代わりにその保護者を支持するなどの庇護関係を結んだ。

ローマの市場は何でも屋

AM7：30

市場

保護者の家を出た市民は、そのままの足で市場に寄ることが多かった。ローマ市のフォルム（公共広場）で開かれていた市場には、小麦や建築用石材、ワイン、羊毛、鉄など豊富な品物が揃っていた。これらは、属州（イタリア半島外のローマ領）などのあちこちから仕入れられたものであり、市場は毎日、賑わいを見せた。

血みどろな闘いに大熱狂！

AM11:30

コロッセウム

ローマ市民の多くが円形闘技場に集う。そこでは、剣闘士奴隷と猛獣が、あるいは剣闘士奴隷同士が闘ったり罪人の処刑が行われたりと、刺激的で血なまぐさい見世物が毎日開催されていた。闘技場の規模は大きく、なんと収容人数は5万人。皇帝専用の席があるなど、当時のローマでは多くの人がデスゲームに熱狂した。

賑わう大衆食堂で腹ごしらえ

AM12:00

昼食

古代ローマには小腹が空いたときに利用できる、軽食堂（ポピーナ）があった。こうした食堂でのメニューはパンやプルス（麦がゆ）、水代わりのワイン、チーズ、塩漬けのイワシなどが一般的であった。かまども常備されていたため、軽食堂で食べることのできたパンは、焼きたてのものだった。

身の回りの世話をさせる奴隷を物色

AM12:30

奴隷市場

古代ローマでは、一般市民も奴隷を買い求めた。性別も年齢も肌の色もさまざまな奴隷が、名前や出身地、特徴が書かれた札を首から下げ、セリ台に並び売りに出されていた。当時、ローマ人口の3割を占めた奴隷は、大多数は戦争捕虜として連れてこられた者。話せる言語によって高い値がつくこともあった。

15万人が大熱狂する戦車競走

PM2:00

大競技場

ローマ市民が盛り上がっていたのは円形競技場で行われていた見世物だけではない。大競技場で行われていた戦車競走には、それを一目見るためにローマ市民の4分の1が集まった。4チームがそれぞれ1レースで3台の戦車を出して行われたこの競技を見守った約15万人の観衆は、それぞれ好きなチームを全力で応援した。

家に風呂なんてない！ 身を清めるならテルマエへ

PM4：00

入浴

古代ローマでは、家に風呂があったのは一部の富裕層のみ。そのほか一般市民は皆、テルマエと呼ばれる公衆浴場に足を運び、汗を流すことが日課だった。浴室には高温の蒸気が充満しており、床は裸足では歩けないほど熱かったといわれている。サウナや冷水浴室など、現在の大浴場などと大差ない造りになっていた。

ローマ市民の睡眠時刻は早い！

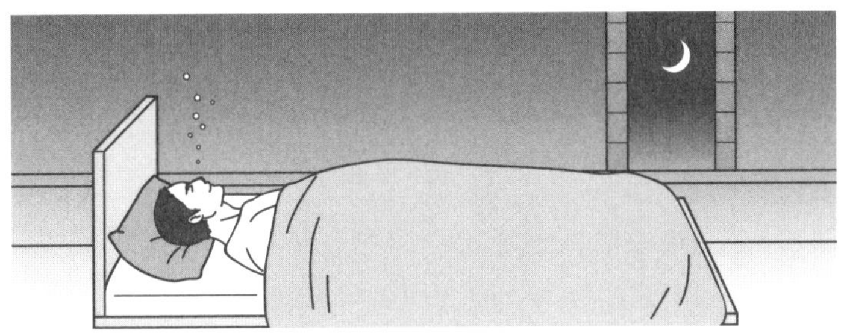

PM5:00

就寝

入浴後、ローマ市民は日が落ちる前に夕食をすませ、その後はすぐに眠りについた。富裕層になると、毎晩のように饗宴が行われ、夜更けまで酒を煽りながらどんちゃん騒ぎをしたらしい。しかし、饗宴には縁がない中〜下級階級の市民は、この時間には眠りにつき、次の日の朝に備えていた。

column ①

ローマ市内にあるパン屋は国の管理下にあった

首都のパン屋は300軒を超えていた

古代ローマでは、政治家たちが支持を得るために貧しい有権者に食料を施す習慣があった。時代が進み、帝政期に入るとこの習慣は市民権の所有者に対する小麦の無償配給へと発展していく。

当時のパン屋は店の中に巨大な石臼を置き、配給された小麦からパンを作る過程すべてを請け負っていた店が多かった。加えて、ローマ市民の主食であったパンは、毎日大量に消費されるもの。一から大量に作ることは重労働であったため、開業する者は解放奴隷が多かったという。

年々増えるパンの需要を満たすべく、パン職人を増やそうと製パン技術を学べる専門学校を開設。パン屋の親方は常に国家の管理下に置かれ、国から給料をもらう現代の国家公務員のような存在だったのだ。

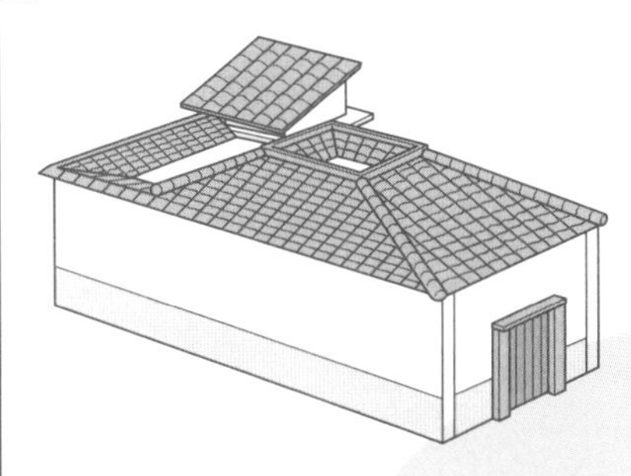

2章

娯楽の作法

ローマ市民の生活は、驚くほど娯楽に満ち溢れていた。豪華な公衆浴場、演劇、戦車競走、コロッセウムでのバトルなど見世物が特に多い。そして、裕福な人たちは毎晩饗宴を開くなどすさまじい騒ぎぶりだった。本章では、ローマ市民たちの楽しみや癒やしについて解説していく。

娯楽の作法
その1

寝ながら食べるのがローマ式のマナー

該当する時代	王政期	共和政期	**帝政期**

該当する人々	皇帝	**富裕層**	**自由人**	奴隷

食べかすは床に捨ておしっこもその場で！

古代ローマにおいて有力者や金持ちたちが社交の場として活用していたのが、饗宴(きょうえん)である。

饗宴とは簡単にいえばパーティーのことだ。金持ちは自分の邸宅に知人たちを招いて饗宴を開いていた。

その目的は人間関係を築くことと、自分の富をアピールすることなどにあった。饗宴では、庶民には食べることができない数々の豪華な料理と酒が用意された。

トリクリニウムと呼ばれるダイニングルームには、料理を載せるテーブルが置かれ、その周囲には臥台(がだい)が並べられ、参加者はそこに寝転がったという。臥台は複数の人間が寝そべることができる家具である。横になった状態で食事をするのが、饗宴の常識だったのだ。現代のマナーからすると考えられないが、寝転ぶ方向や、臥台の配置における上座と下座などの細かい作法も決められていた。

公の場で寝転がって食事をするというだけでも我々の常識からするとあり得ないが、もっと信じられないのは限界以上まで食べる食事方法だ。

お腹いっぱいになると饗宴の参加者たちは、腹の中のものを吐いて食事を続けた。嘔吐のためにノドに突っ込む専用の孔雀の羽、吐いたものを入れる壺などまで用意されていた。骨などの食べかすを床に投げ捨てることも認められていたし、現代の日本では問題視される酒の一気飲みも行われていた。当然、その場で酔いつぶれる人もいたし、尿意をもよおす人もいた。驚きなのは、その場で放尿したということだ。奴隷に持たせた尿瓶に向かって放出したのである。

饗宴では余興も披露された。楽士たちが音楽を演奏し、セクシーな女性たちが踊り、役者たちが寸劇を演じ、詩が朗読されたのだ。

行儀の悪すぎる宴が毎晩のように開催される

富裕層の人々は、毎晩のように多くの来客を招いて、夜遅くまで宴を繰り広げた。

横になるのが普通だった

3人がひとつの臥台に寝そべり、左ひじをクッションに置き、空いている右手で食べ物を手づかみで食べる。現代だと行儀の悪い食べ方が当時の常識だった。

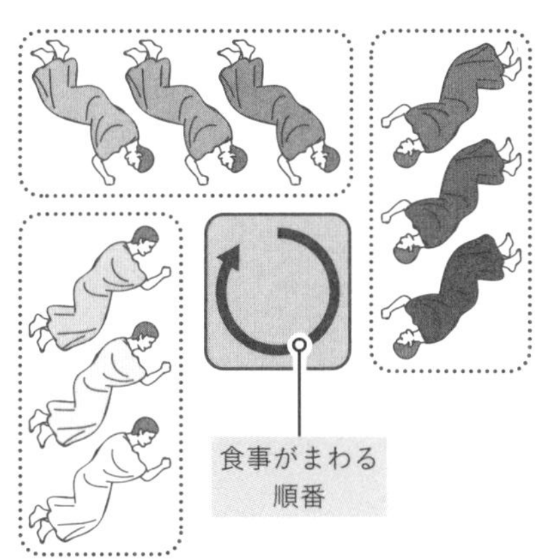

席次表

ひとつのテーブルを囲むように設置された3つの臥台は、上座、中座、下座と分かれており、寝そべる者が決まっていただけでなく料理が供される順番も決まっていた。

饗宴②

演奏などの余興で盛り上がりは最高潮に

宴会を盛り上げたのは役者だけではない。奴隷もさまざまなネタを余興で披露した。

余興

肌を露出した女性が踊ったり、役者が寸劇を行ったり、詩が読まれたり、数々の余興によって盛り上がりは最高潮に達した。

奴隷の演奏

余興を披露するのは役者だけでなく、奴隷も曲芸や手品、演奏などをして場を盛り上げた。

食べカスは床に投げ捨てた

食べ終わった肉の骨や食べカスなどは、すべて床に投げ捨てられた。食べこぼしなども多く、それらを掃除して片付けるのは少年奴隷の役目だった。

酒の一気飲み

酒宴では頻繁に行われた。主催が決めたルールに従って、参列者は酒を一気に飲み干した。

饗宴③

食べたら吐いて、また食べる

古代ローマにおいて、「お腹いっぱい」は存在しなかった。嘔吐して食べてを繰り返した。

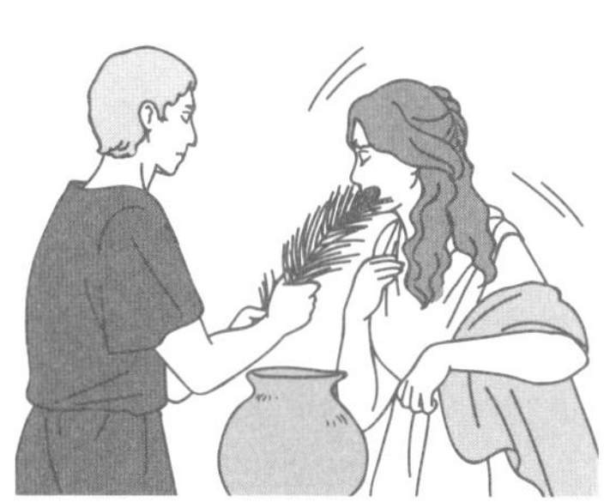

嘔吐

満腹になってもまだ食べるために、用意された嘔吐用の壺に食べたものをもどした。吐きやすいように、喉に突っ込むための孔雀の羽も用意されていた。

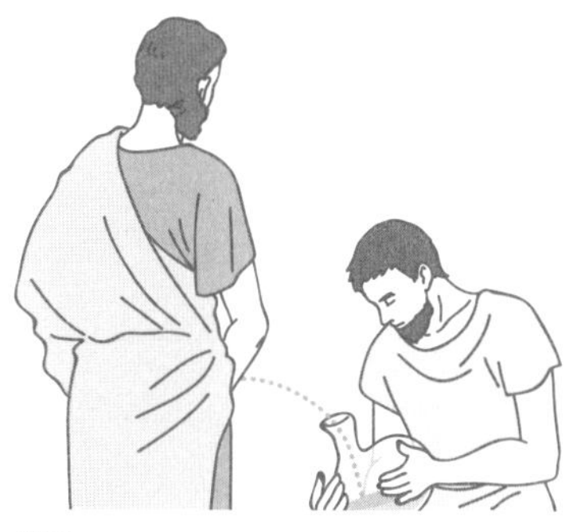

放尿

食と酒が進むと、尿意も近くなった。彼らはトイレに行くのではなく、奴隷が持つ放尿用の壺に向かって用を足した。

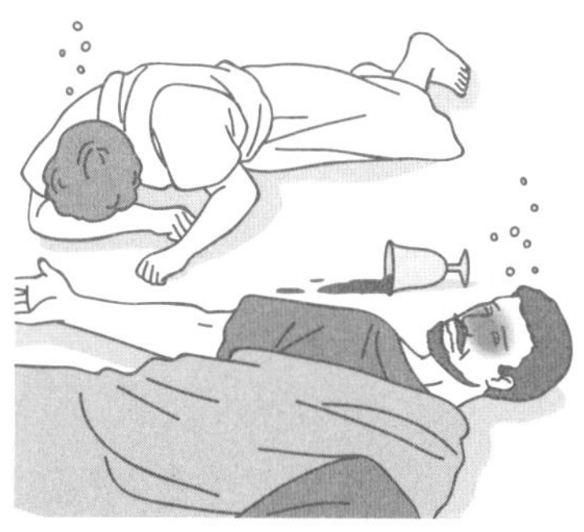

酔いつぶれ

大量の酒を一気に飲み干したことで、ほとんどの参会者は宴が終わる頃には酔いつぶれていた。

テイクアウト

土産物として残った料理をナプキンに包み持ち帰る行為は「アポフォレータ」と呼ばれ、当時からごく当然のこととして認められていた風習だった。

娯楽の作法
その2

メインディッシュは ウニを詰めた雌豚の乳房

該当する時代	王政期	**共和政期**	**帝政期**

該当する人々	皇帝	**富裕層**	**自由人**	奴隷

フォアグラのルーツは ローマ帝国にあり

高度な建築物が立ち並び、さまざまな文化が発展したローマ。成熟した食文化もローマが誇るものだった。紀元前218〜201年に行われた第二次ポエニ戦争の頃から、数多くの料理人が活躍するようになった。

当時のローマ帝国にはヨーロッパやオリエントなどの各地から、あらゆる食材が集まっていた。饗宴(きょうえん)で出される料理には、それらの食材がふんだんに活かされた。

饗宴では、現代のフルコースのように料理が出てくる順番が決まっていた。まずは、グストゥム（前菜）が出された。野菜のパティナ（卵とじ）、ゆで卵、オリーブ、サラダ、チーズ、パンなどである。

グストゥムが2〜3種類出されたあとは、メンサ・プリマだ。メンサ・プリマは日本語にすると「第一の皿」で、いわゆる主菜にあたる。豚や鹿、鳥の丸焼き、シーフードのシチューなどだ。変わったところでは雌豚の乳首つき腹肉の料理も出された。

肉でもっとも食べられたのは豚肉である。肉料理としては、詰め物もよく作られたが、ウニの詰め物をした雌豚の乳房も人気があった。

フランス料理で有名なフォアグラも、そのルーツはローマ帝国にあった。ガチョウに干しイチジクを与えて肝臓を肥大させたものが、フォアグラの始まりといわれている。

最後に出されるメンサ・セクンダ（第二の皿）は、デザートだ。カスタードプリン、蜂蜜入りのピラミッドケーキ、高山の雪で作ったシャーベット、新鮮な果物などである。

卵や野菜などの前菜から始まって、主菜を食べて、果物や甘いもののデザートで締める。饗宴では、そうした豊富な種類のコース料理を楽しんでいたのだ。

食文化①

朝と昼はシンプルで、晩飯は豪華だった

古代ローマでは、朝と昼がシンプルな食事であった分、夜は贅沢な食事を時間をかけて味わった。

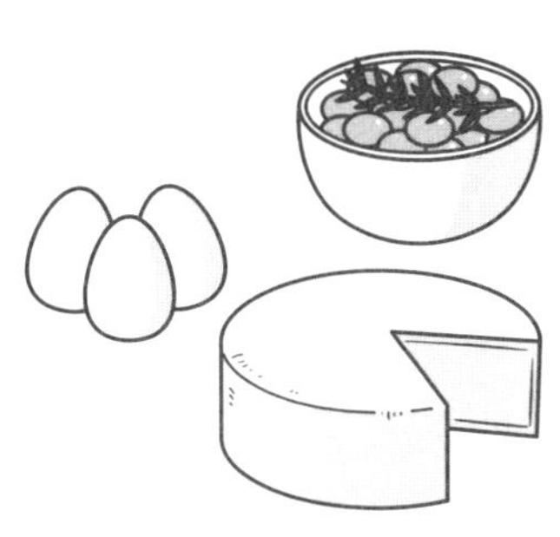

前菜

オリーブをたくさん使った料理や、豆が入ったサラダ、チーズや卵、パンなどが食卓に並んだ。

デザート

果物のほかに、高山から採取した雪で作ったシャーベットや、チーズケーキなどが並んだ。

主菜

地中海でとれた魚がメイン料理。豚や子牛、羊の肉などの肉類も主菜として並んだ。

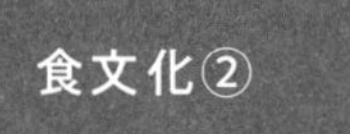

器にもこだわり、視覚でも料理を楽しんだ

古代ローマ人は、味はもちろん、見た目にこだわった料理を好んで食べていた。

豪華な食器

饗宴で出す料理は、ピカピカで豪華な器に盛りつけられた。

フォアグラ

世界三大珍味として知られるフォアグラ。この頃から、美味なものとして珍重され好まれていた。

豚が好物

古代ローマ人は、肉類の中で豚を一番消費した。貴族が食べた豚料理の中には雌豚の乳首がついた腹肉というおぞましい料理もあった。

ガルム

イワシやサバなどの魚を塩水に何日も漬け、何度も漉し器にかけて精製した古代ローマでもっともよく知られた調味料。

食文化③

ワインは水で薄めて飲むのがローマ式

飲み水のように飲まれたワインは、水に薄めて食卓や饗宴のテーブルに並んだ。

ワイン

飲む以外にもパンに浸して食べるなど多様な使い道があった。饗宴でも大量に消費され、ワインが入った「クラテル」という大きな壺を参会者に注ぐ専用の奴隷もいた。

肉の調理方法

古代ローマでは、肉の中に詰め物をすることが多かった。ウニを詰めたり、ときには生きたツグミを包み、見た人を驚かせた。

汚れた手はパンで拭く

食べ物を手づかみで食べていたローマ人は、汚れた手をパンで拭いた。汚れがついたパンは食べられるわけもなく、床に捨てられた。

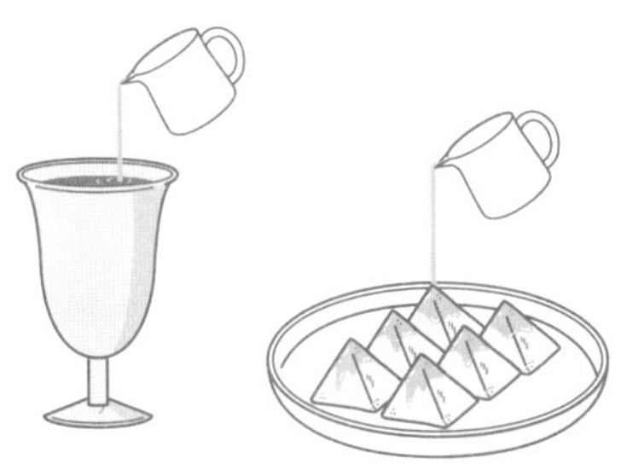

砂糖ではなく蜂蜜

甘いものに目がなかったローマ人は、蜂蜜を重宝した。料理やケーキなどのお菓子に使われるのはもちろん、「ムルスム」という蜂蜜入りの甘いワインも人気だった。

娯楽の作法 その3

侵入者を防ぐため金持ちは窓なしの家に住んだ

該当する時代	王政期	**共和政期**	**帝政期**

該当する人々	皇帝	**富裕層**	**自由人**	奴隷

開放的な吹き抜けの空間が建物内に作られていた

饗宴(きょうえん)を開けるほど裕福な身分の人たちは、ドムスと呼ばれる家に暮らしていた。ドムスとは中庭が付いた、贅沢な一戸建ての家のことだ。

首都ローマの当時の人口は100万を超えていて、人口密度が高かった。そのため、広い敷地の一戸建てのドムスに住めるのは、ごく一部の裕福な人たちだけだったのだ。

ドムスの特徴のひとつは、外側に窓がほとんどないということ。これは防犯のためである。

窓がない代わりに、光や外気を取り入れるための空間が建物内部に作られていた。その空間とは、吹き抜け式の大広間のアトリウムや、中庭のペリステュリウムのことだ。

窓がないので、ドムス内は昼間でも薄暗かった。だが、アトリウムなら、上部の大きな天窓から日光を取り込むことができた。

アトリウムは居間として使われたほか、来客を出迎える場所にもなった。いわば家にとって顔のような場所であり、壁画や彫像、家宝などで飾られた。

ペリステュリウムは、ギリシア風の列柱廊(れっちゅうろう)に囲まれた中庭だ。開放的な空間で、暑い日でも涼しさを味わえるように噴水や水路が置かれた。

このペリステュリウムの近くに作られることが多かったのが、トリクリニウムだ。トリクリニウムは饗宴を行うための大広間であり、64〜65ページで解説したとおり、参加者が寝転がるための臥台(がだい)が置かれた。トリクリニウムは饗宴のための場所だったが、暑い夏には夕涼みもできるペリステュリウムで饗宴が開かれることもあった。

なお、ドムスには住人に使われる奴隷たちも住んでいたが、奴隷のための部屋などは用意されていなかった。奴隷たちは寝るときには狭い小部屋や廊下、台所の片隅を使ったのだ。

富裕層の住まい

防犯のため窓がほとんどなかった

広い敷地の一戸建ての家に住めるのはごく一部の富裕層だけだったため、防犯のために窓がほとんど設置されなかった。

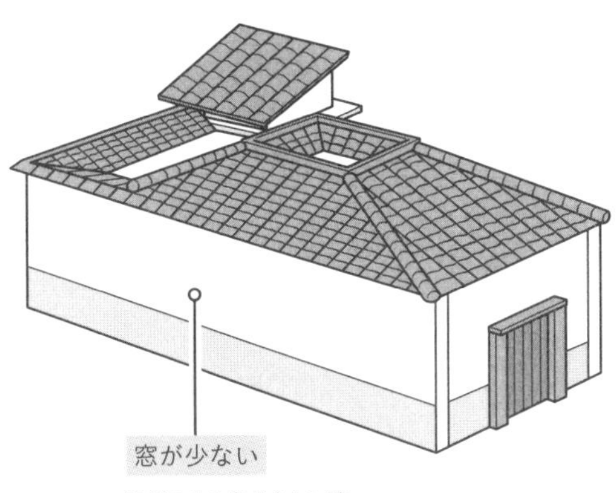

窓が少ない

防犯のため窓が少ない造りになっていた。

ドムス

人口過密都市であった古代ローマで、広い敷地に家を構えることができたのは一部の富裕層のみであった。豪華な内装は家主の財力を示す指標となった。

インプルウィウム

傾斜がついた屋根から降り注いだ雨水を予備の生活用水をして貯めた。

アトリウム

吹き抜けになっている玄関式の居間。光を取り込める空間として設置された。床の中央に埋め込まれた貯水槽に雨水を貯めた。

娯楽の作法
その4

別荘を持ち、温泉に入るのが金持ちのたしなみ

該当する時代	王政期	**共和政期**	**帝政期**

該当する人々	**皇帝**	**富裕層**	**自由人**	奴隷

ブドウとオリーブを栽培しワインとオリーブ油を作った

ローマ帝国の金持ちたちは、72〜73ページで紹介したドムスだけでなく、ヴィラと呼ばれる別荘を所有することも多かった。

景色が美しいナポリ湾周辺は保養地として人気で、ヴィラも建てられた。ナポリ湾の近くには、ベスビオ火山がある。79年の大噴火で都市ポンペイを滅ぼした恐ろしい火山だが、火山地帯ならではの温泉があり、温泉街も作られた。この温泉を目当てにしてヴィラが建てられた。

ローマの近郊にヴィラが作られることもあった。ローマで忙しく働く人たちにとって、都市での疲れを癒やす良い場所になった。

ここまで紹介したヴィラは別荘としての役割を重視したものだが、所領経営を目的としたものも多かった。このタイプのヴィラは農場付きの別荘で、農場を経営することで利益を生み出した。これをラティフンディアという。ヴィラは別荘であり、所有者がそこに滞在する期間は短かった。そのため、ヴィラの農場の運営は、住み込みで働く管理人が行い、奴隷たちに農作物を作らせた。これをラティフンディア（奴隷制大土地経営）という。

農場ではブドウやオリーブを栽培し、ヴィラにはワインやオリーブ油を作る施設もあったという。ブドウを収穫したらワインを作り、オリーブを収穫したらオリーブ油を作った。

ローマ人にとっての主食である小麦を育てることもあったが、小麦はイタリアよりも土地が肥沃な属州から安く購入できた。富を生み出してくれるブドウとオリーブのほうがヴィラにとって重要だった。

所有者は夏にヴィラを訪れた。所有者にとっては別荘で休暇を楽しむだけでなく、農場が問題なく運営されているかの確認の意味もあったのだ。

別荘

富裕層はカントリーライフを満喫した

富裕層の多くは別荘を所有した。都会で生きる者にとって自然に囲まれて過ごす時間は癒やしそのものだった。

ヴィラ

富裕層が羽を伸ばすために建てた別荘であったが、信頼する奴隷に運営を任せて農場を営む場所でもあった。そこで生産された農作物は、所有主の富をさらに増やした。

景勝地

美しいオーシャンビューや威容を誇る火山などを眺めることができるナポリ湾周辺は、温泉街として富裕層に人気だっただけでなく、歴代の皇帝にも愛された。

娯楽の作法
その5

エステにムダ毛処理など、美の追求に余念がなかった

該当する時代	王政期	**共和政期**	**帝政期**

該当する人々	**皇帝**	**富裕層**	**自由人**	奴隷

女性だけでなく男性も脇毛やスネ毛の処理をした

古代ローマでは、美容術や化粧が発達していた。こうしたキレイになるための技術は、饗宴(きょうえん)で夜更かしをして暴飲暴食で肌をボロボロにしてしまった富裕層たちに歓迎された。

肌を美しく見せるための白粉(おしろい)のほか、眉墨(まゆずみ)、アイライナー、口紅などの化粧品が存在していた。

化粧品だけでなく、メイク落としも開発されていた。ローマ帝国の代表的な医学者であるガレノスが、コールドクリームの原型を開発している。

現代につながる美容用品として、コラーゲンパックの原型は古代ローマで確認できる。博物学者プリニウスが、有名な著書『博物誌』の中で、仔牛の足の骨を40日間煮込んだ汁で肌をパックする方法を紹介している。

高貴な女性たちはパック、マッサージ、エステなど、さまざまな美容法を行っていた。中でも皇帝ネロの妻であり、すぐれた美貌の持ち主だったポッパエアは、美容に熱心だったという。

ポッパエアは肌のために、ロバのミルクで洗顔するだけでなく、ロバのミルクの風呂に入った。外出先でもロバのミルクを使えるように、常に何頭ものロバを連れていた。

古代ローマの美容術の中にはムダ毛処理も含まれていた。胸毛、脇毛、脛毛などを剃ることが身だしなみと考えられていたのだ。

ローマの都市生活には欠かせない公衆浴場には、ムダ毛処理のための除毛師という職人がいた。当時は女性だけでなく、男性もムダ毛を剃るのが当たり前だったので、公衆浴場では除毛師に頼んで毛を処理してもらう人が大勢いた。

ローマ帝国の初代皇帝アウグストゥスもムダ毛の処理をしていた。焼いたクルミの殻をすねにこすり付け、毛の処理をしていたといわれている。

上流階級のマダムは奴隷を使って美を極めた

上流階級の女性は、奴隷に身支度をさせ自分を着飾った。朝の身支度のために100人の奴隷を働かせた者もいた。

エステ

饗宴による暴飲暴食や、夜更かしからくる肌トラブルを改善すべく、富裕層の女性たちは奴隷にマッサージをさせたり、化粧を施したりと美に並々ならぬ執着を見せた。

コラーゲンパック

白い肌を美とした古代ローマで使用されていた白粉には、肌を黒ずませる鉛が含まれていた。こうしたトラブルを改善するために現代でいうコラーゲンパックも存在した。

化粧落とし

濃く施された化粧を落とすのは一苦労だった。こうした事情を受けて開発された「ケロートゥム」という化粧落としは、現代のコールドクリームの原型となった。

ムダ毛処理

身だしなみとして男女問わず体中のムダ毛を処理した。公共施設にいる除毛師に処理してもらうのが普通だったが、クルミの殻をこすり付けて毛をそぎ落とす者もいた。

娯楽の作法 その6

古代ローマの公衆浴場は健康ランド以上の娯楽施設

該当する時代	王政期	**共和政期**	**帝政期**

該当する人々	**皇帝**	**富裕層**	**自由人**	奴隷

皇帝や貴族など上流階級の人々も公衆浴場を楽しんだ

テルマエとバルネアという公衆浴場が、古代ローマには存在していた。公衆浴場でも大型なものをテルマエ、簡素な小規模なものをバルネアと呼んで区別していた。

古代ローマでは一部の上流階級をのぞいて、家に風呂がなかった。そのため、公衆浴場で入浴するのが当たり前のことだった。

しかも、ローマにおいて公衆浴場は単なる入浴のための場所ではなく、社交場でもあった。娯楽施設もそろっていて、商談などでも使われた。邸宅に風呂がある皇帝や貴族ですら、頻繁に浴場を訪れたのだ。

公衆浴場を利用するためには、まず入り口で料金を支払う。入浴料についての詳しい史料は残っていないが、首都ローマでは男女ともに入浴料が4分の1アス（日本円で25円ぐらい）で、子どもは無料だった。浴場は無料で開放されることもあったので、市民は気軽に楽しんでいたのだろう。

かつては男女混浴が基本だったが、公序良俗の観点から脱衣室も浴室も男女別々に分けられた。浴場によっては時間帯で男女入れ替え制をとることもあった。

浴場では、まずぬるめのサウナで身体を温め、次に高温の浴室で熱い湯に浸かる。熱くなった身体は冷水浴室の水風呂で冷ました。

当然、身体を洗うのも浴場に入る目的のひとつだが、当時は石鹸を使用しなかった。高温浴室で汗を流した後に、細かい砂の混じった香油を身体にかけてストリギリスというあかすり器で皮膚の汚れを落としたのだ。

こうした入浴施設だけでなく、公衆浴場にはプール、運動場、図書館、劇場などもあった。現代の健康ランド以上に充実した総合娯楽施設だったといえるだろう。

風呂以外に運動場や劇場なども併設

市民の憩いの場となったテルマエには、風呂のほかに図書館や運動場など、さまざまな娯楽施設が併設されていた。

プール

親がゆっくりと浴槽に浸かっているあいだ、大勢の子どもが泳ぎながらはしゃぎ、楽しい時間を過ごした。

熱浴室

蒸気が充満しており、床下暖房の効果で湯船だけでなく床も裸足では歩けないほどの熱さだった。浸からずにベンチに腰掛け、汗を流すだけの者もいた。

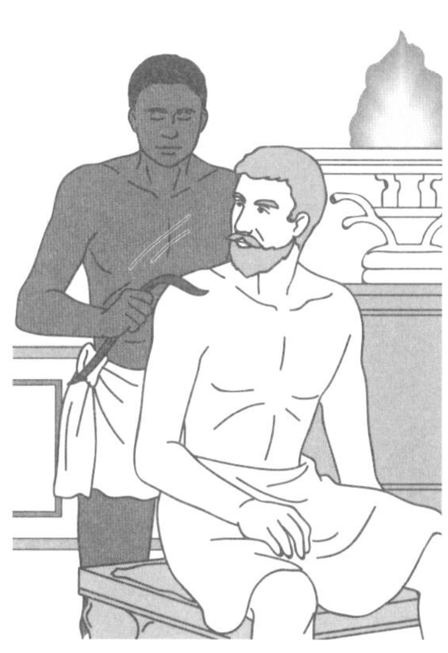

あかすり

「ストリギリス」と呼ばれるカーブした棒を使って、奴隷が主人の身体の汚れをかき落とす光景は日常的なものだった。

冷浴室

身体を冷やすための部屋。冷たい水に浸かり、火照った身体を十分に冷ました。

公衆浴場は街に867軒もあった

大きな浴場になると一度に1000人単位の入浴客を収容することができた。身分にかかわらず多くの人が訪れたため、人の波が途切れることもなく、騒音問題も相当なものだった。

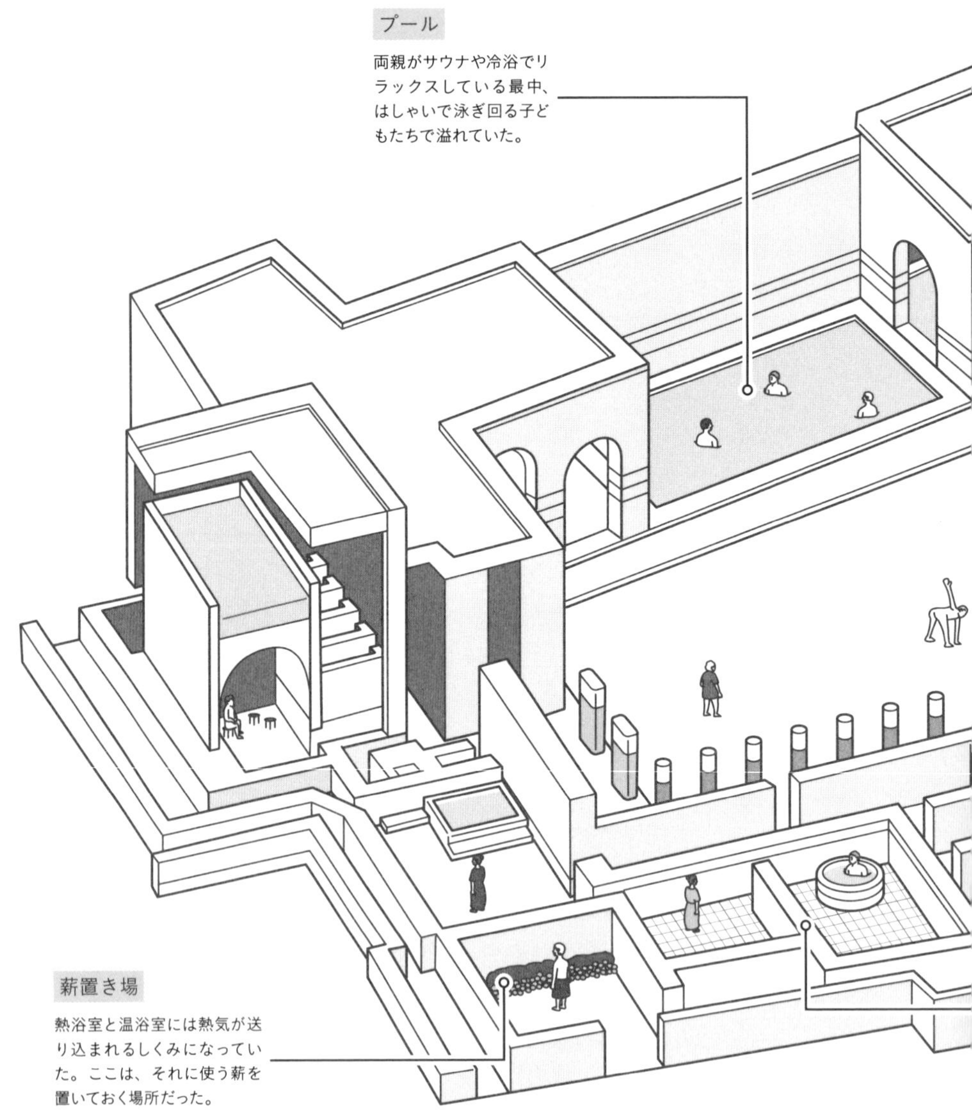

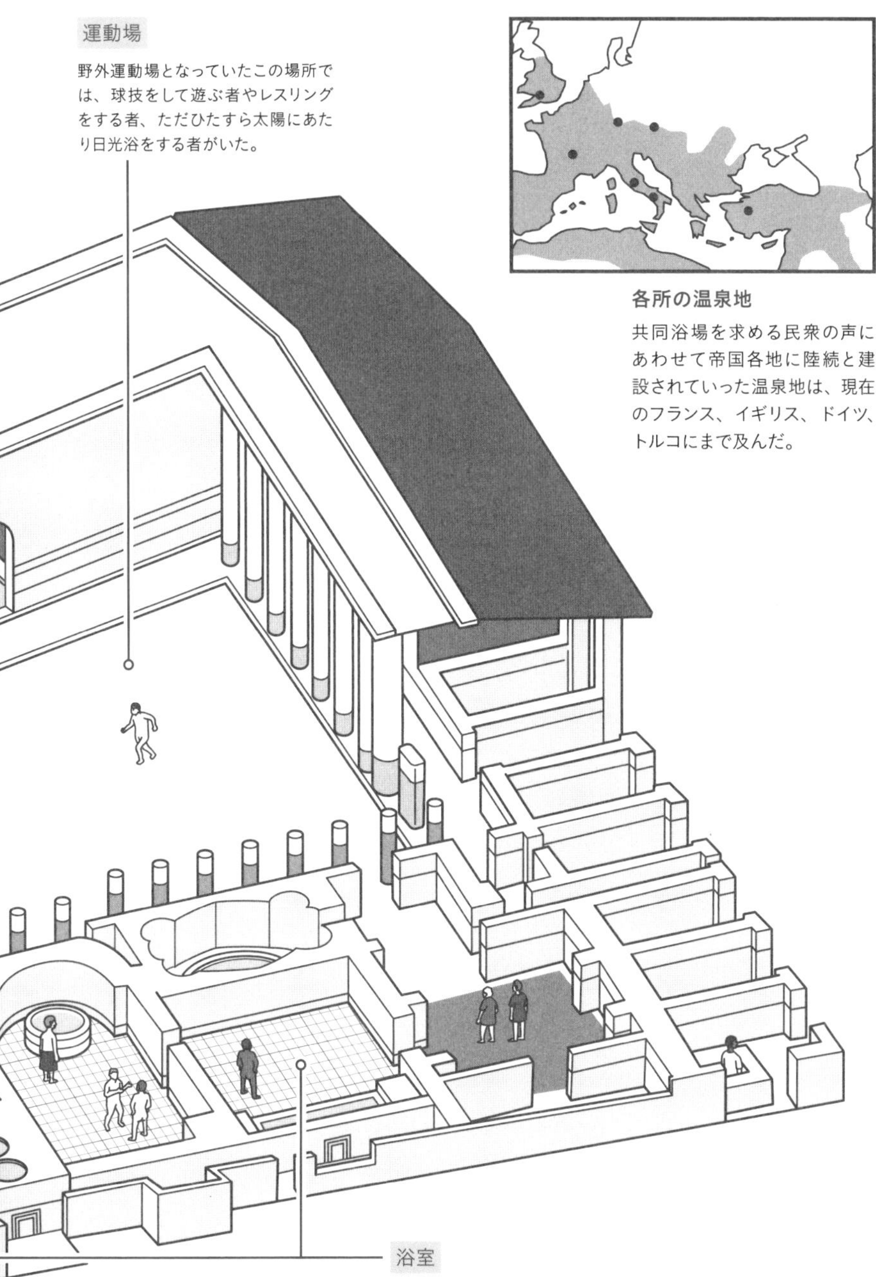
運動場
野外運動場となっていたこの場所では、球技をして遊ぶ者やレスリングをする者、ただひたすら太陽にあたり日光浴をする者がいた。
各所の温泉地
共同浴場を求める民衆の声にあわせて帝国各地に陸続と建設されていった温泉地は、現在のフランス、イギリス、ドイツ、トルコにまで及んだ。
浴室
男湯と女湯で分かれており、それぞれに脱衣所、熱浴室、温浴室、冷浴室が備わっていた。身分も異なるさまざまな人で溢れた浴室内は常に笑い声や話し声で満ちていた。

娯楽の作法
その7

超人気スポーツは馬が引き合う戦車レース

該当する時代	王政期	**共和政期**	**帝政期**

該当する人々	**皇帝**	**富裕層**	**自由人**	**奴隷**

御者は人気者になったが事故で死亡する者も多かった

古代ローマで人気のあったスポーツが、戦車競走である。その名のとおり戦車で行うレースだ。

当時の戦車とは、戦闘用馬車のことを指す。戦車競走では、複数の馬が引く二輪車で速さを競い合った。馬は2頭立て、3頭立てもあったが、一番人気は4頭立てだった。

馬は2歳のときから競争のための専用の訓練を受け、5歳になるとレースに参加した。出走する馬には最高の厩舎(きゅうしゃ)が与えられて大事に扱われた。

戦車競走で出発の合図のラッパが吹かれると、ゲートが開き戦車が走り出す。レースに参加するのは12台の戦車だ。戦車はそれぞれ赤、白、緑、青の4チームに分かれていて、御者(ぎょしゃ)はチームカラーの胴着を身につけた。観客は好きなチームの色のハンカチを振って、戦車を応援した。

レースは、トラックを7周走る。1周走るごとに、場内に置かれた作り物の大きな卵が外され、作り物のイルカが逆さまにされるので観客はひと目で今何周目なのか把握できた。

競技が行われる大競技場(キルクス・マクシムス)には15万人もの観客が集まった。ローマの住人の約4分の1が集まるといわれるほどの人気だったのだ。法律では賭けは禁止されていたが、どの戦車が勝つかを賭けて楽しんでいる人たちもいた。

観客席は劇場や闘技場と違い身分や性別で分けられておらず、さまざまな人たちが観戦した。競技場には皇帝の専用席も用意され、皇帝もレースを楽しんだ。

戦車を操った御者は、奴隷または解放奴隷だった。戦車競走で活躍した御者の中からは、金持ちになる者もいた。だが、戦車競走は大変危険な競技であり、競技中の事故で死亡する御者もたくさんいた。

戦車競走

死の危険を伴う、ローマ一番の人気競技

開催される日には、その様子を一目見ようとローマ市民の4分の1が会場に詰めかけるほどだった。

戦車競走

奴隷か解放奴隷が戦車に乗り込み、馬を走らせる競技。4組のチームに分かれて、トラック7周を走った。危険な競技だったため命を落とす者も多かった。

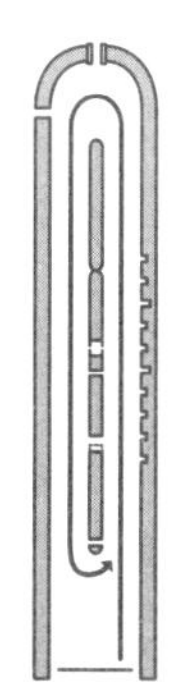

大競技場平面図

トラックには卵型の周回計測装置が7つ設置されていて、1周回るごとに1つ外れるしくみとなっていたため、何周回ったのかがわかるようになっていた。

賭け

どのチームが勝つのかを互いに予想し合い、レースの結果を賭けながら観戦する観客もいた。

娯楽の作法 その8

無料で見られた演劇は、政治風刺や下品なネタが人気

該当する時代	王政期	**共和政期**	**帝政期**

該当する人々	皇帝	**富裕層**	**自由人**	奴隷

ギリシャから伝わって喜劇などがローマで発達した

古代ローマの文化はさまざまな面でギリシャから影響を受けた。演劇もギリシャから伝わったもので、常設の劇場が各地に作られるなど、ローマでも盛んに公演が行われた。

ギリシャ伝来のローマの演劇だが、舞台が円形のギリシャに対して、ローマの舞台は半円形といった違いがあった。また、ギリシャから伝わった演目は悲劇だったが、喜劇やミムス劇（身振りや物まねを主体とした演劇）などローマで独自に発展した演目もあった。

喜劇やミムス劇は面白おかしい内容だったため、悲劇よりも観客からの人気が高かった。その一方で、ミムス劇は国から上演を禁止されることもあった。劇の内容に政治風刺が含まれたり、下品だったりしたためである。ミムス劇を演じた役者が追放処分を受けることも珍しくなかった。劇場は低俗な場所と見られていたが、裏を返せば、それだけ庶民からの人気は高かったともいえる。

役者になるのは、主に解放奴隷や外国人だった。現代の役者とは違って、古代ローマでは役者の社会的地位は低かったのだ。

地位が低い反面、役者たちの収入は高額で、1回の公演で得られるお金は、兵士の半年分の給料と変わらなかったという。一流の役者であれば、高級官僚と変わらない年収を手にしたという。

演劇の公演にかかる費用は国や富裕層が負担したので、市民は無料で演劇を見ることができた。

その代わり観客席は身分によって分けられた。最前列に座れるのは元老院議員、14列までに座れるのは騎士階級（エクイテス）とよばれる新興富裕層だったのである。また、公演のスポンサーは舞台脇のボックス席に座れた。ただし、ルールを無視して舞台に近い席に座る庶民も多かったという。

市民が熱狂する大衆娯楽

公演費用は国費や裕福な人の寄付からまかなわれていたため、市民は無料で観劇することができた。

ミムス劇以外の演者は原則男性

男性のみの舞台では、男女の役柄を演じ分けるために目と口元をくり抜いた仮面をつけながら舞台に立った。

身分は低くとも報酬は高い

追っかけのファンがつくなど、大きな人気を誇っていた役者。もらえる報酬は役職持ちの人間と同じくらいであった。しかし社会的地位は低く、多くは解放奴隷や外国人だった。

市民も熱狂

演目の中でも喜劇や日常の生活を題材にしたミムス劇が好まれた。内容によっては国から禁止令が出されたが、人気は根強く常に会場から笑い声が溢れた。

身分による座席指定

観客席は身分によって座れる位置が決まっていた。ルールを破り、最前列に座る裕福な解放奴隷もいた。

娯楽の作法
その9

どちらかが死ぬまで戦う コロッセウムの壮絶バトル

該当する時代	王政期	**共和政期**	**帝政期**

該当する人々	皇帝	**富裕層**	**自由人**	奴隷

野生動物と戦ったり 軍艦同士で戦うことも

映画などさまざまなフィクションに取り上げられている、ローマの剣闘士。自ら志願して剣闘士になる者もいたが、その8割がたは戦争で捕らえられた捕虜、犯罪者、奴隷だった。

なお、これまで女性剣闘士はほとんど存在しなかったと考えられていた。だが、皇帝セウェルスが女性同士の試合を禁止したという記録があることや、女性剣闘士と思われるブロンズ像が見つかったことから、女性剣闘士が存在したという説も強まっている。

剣闘士同士の戦いは1対1で行われ、どちらかが死ぬかギブアップするまで戦いは終わらなかった。ギブアップした剣闘士は、その勇敢さが観衆に認められた場合は助命されたが、多くの場合、敗北者として殺された。

その装備によって剣闘士はいくつかのタイプに分類できた。コロッセウム（円形闘技場）では異なるタイプ同士で勝負することになっていた。主なタイプは、湾曲した剣を持ったトラキア剣闘士、魚のようなヘルメットをかぶった魚人剣闘士、投網（とあみ）と三叉（みつまた）の槍を持った投網剣闘士、フルフェイスヘルメットの追撃剣闘士などがいた。

剣闘士の戦いは市民のための見世物として行われたが、見世物になったのは剣闘士同士の戦いだけではなかった。剣闘士は動物とも戦わされたのだ。このとき、剣闘士は盾も持たず、投げ槍1本のみを武器とした。

剣闘士以外では、大規模な戦いが見世物になることもあった。コロッセウムに水を張り、罪人を乗せた軍艦を浮かべて、軍艦同士を戦わせたのだ。模擬海戦はコロッセウムだけでなく、湖や川でも行われたという。

戦いに勝った剣闘士は賞金を与えられた。多額の賞金を得て、自分自身を買い取り、奴隷の身分から解放される剣闘士もいた。

剣闘士

命がけの死闘にローマ市民は大熱狂

古代ローマの最大の見世物は、剣闘士同士による殺し合いだった。生死をかけた闘いは多くの市民を熱狂させた。

剣闘士

武装し、武器を手にした2人が命をかけて争う様子は、多くの人の目を引き付けた。こうした見世物に参加するのは、ほとんどが罪人か奴隷だった。

勝敗

どちらかが倒れるまで勝負は続いた。負けたほうに待っていたのは死だったが、降参することもできた。

命乞いと助命

敗者が降参をした際、左手の人差し指を伸ばすことが命乞いの合図だった。敗者の生死は観客に委ねられ、助命の場合は親指が立てられた。親指がおろされたら殺された。

猛獣狩り

興奮した猛獣相手に槍１本で挑む！

闘技場では、猛獣と剣闘士による闘いも行われた。興奮状態の猛獣の雄叫びに観客は息をのんだ。

猛獣

各地で捕獲されたライオンや熊、クロコダイルなどは調教師により人を殺すための殺戮兵器へと改造された。

猛獣狩り

武装した猛獣闘士と、興奮状態の猛獣が解き放たれ闘う姿は、剣闘士同士の闘い同様、観客が熱狂した娯楽のひとつだった。

武器は槍一本

凶暴で力強い爪や牙と、俊敏な速さを持ち合わせる猛獣に対して、剣闘士は槍１本で立ち向かわなければならなかった。

仕留めるまで続く

闘いはどちらかの命が尽きるまで続いた。１対１であれば猛獣に勝利する剣闘士もいたが、多くの者が食い殺された。

コロッセウムは死刑囚の処刑場でもあった

古代ローマには、残忍酷薄な処刑方法が数多く存在した。民衆は囚人同士の死闘を娯楽として楽しんだ。

公開処刑

会場を逃げ惑う囚人に襲い掛かる猛獣の姿を、冷ややかな目をした観客が静かに見下ろしていた。

火だるま

生きたまま火をつけられた囚人が、息絶えるまで踊らされる処刑も存在した。

死ぬまで戦わせる

処刑が決まっている囚人同士を、死ぬまで戦わせる処刑方法もあった。

キリスト教徒の迫害

初期の頃は、キリスト教徒に対する迫害も公開で行われた。柱に括(くく)り付けられ、身動きが取れなくなったキリスト教徒たちを猛獣に食い殺させた。

娯楽の作法
その10

ローマ市民にとって裁判は最高のエンタメだった

該当する時代	王政期	**共和政期**	**帝政期**

該当する人々	皇帝	**富裕層**	**自由人**	**奴隷**

弁護士は芝居がかった演説で傍聴人を味方につけた

裁判が盛んに行われていたというのも、古代ローマの特徴のひとつだ。ちょっとした問題でもすぐに裁判を起こしたのである。

当時の裁判には、裁判官だけでなく、原告側と被告側の双方に弁護士がいて、陪審員、進行役の法務官もいた。

バシリカ・アエミリアという建物で行われた裁判は公開されて、傍聴人がその様子を見守った。しかも、法廷が満員になるほど多くの人がバシリカ・アエミリアを訪れた。裁判は一種のエンターテインメントであって、人々は裁判に夢中になった。

古代ローマの弁護士たちは弁論術を身につけていた。聞く者たちを引き込む話術で、判決を自分の望むものにしようとした。傍聴人たちはそのドラマチックな話術を楽しんでいた。

傍聴人は、判決においても無視できない存在だった。当時の裁判は、傍聴人の反応で判決が左右されることも多かった。

容疑者の無罪を訴える弁護士の演説に傍聴人が感動して拍手喝采となった場合、その雰囲気に流されて判決が容疑者に有利なものとなることも珍しくなかった。そのため、サクラを傍聴人の中に紛れ込ませる弁護士までいた。

そもそも、当時の裁判は法律にもとづいた公正なものとはいえなかった。身分の低い人が容疑者なら死刑となった罪でも、身分の高い人が容疑者だった場合には追放や財産の没収程度の罰で済まされることもあった。

古代ローマでは重罪に対する刑罰は、見世物となっていた。コロッセウムで人々が見守る中、重罪人をライオンや熊に食い殺させた。

こうした問題もあったが、ローマ法と呼ばれた古代ローマの法体系は、後のヨーロッパ諸国の制度にも影響を与えている。

傍聴人には「サクラ」もいた

弁護士の演技がかった弁術は多くの人を引き付けた。最前列に自分で雇ったサクラを配置させる者もいた。

弁論技術と演技力

弁護士には、巧みな弁論術と裁判官や傍聴人の心を動かすだけの演技力が求められた。説得力のある議論や、言葉の間やしぐさなど、すべて計算されていた。

不平等

判決を左右したのは法ではなく身分だった。身分の低い者ならば死刑となっていたであろう罪も、身分の高い者だと軽くなった。

判決を左右する傍聴人

聴きごたえのある弁術には、多くの民衆が耳を傾けた。逆につまらない話をすれば傍聴人はその場から離れていく。こうした反応を見て判決が下されることも多かった。

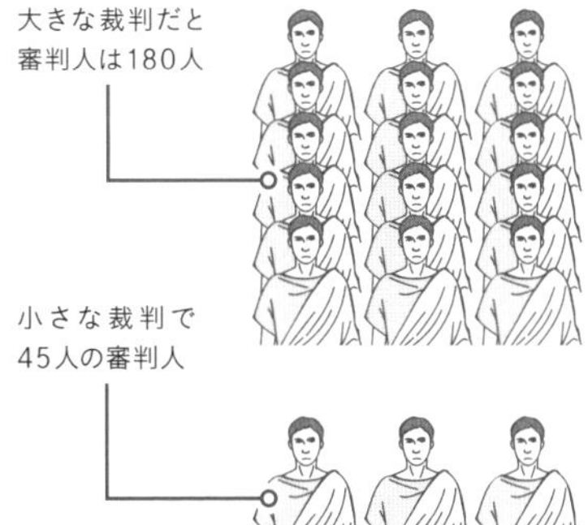

裁判の規模で審判人の数が決まる

毎日何かしらの裁判が行われていた古代ローマの裁判は、大きなものになると審判人は180人。簡単なものは45人で構成され、開催される場所も分けられた。

娯楽の作法
その11

食堂や浴場など、どこでも賭博が行われた

該当する時代	王政期	共和政期	帝政期

該当する人々	皇帝	富裕層	自由人	奴隷

歴代の皇帝たちですらサイコロ賭博にハマった

法律で禁じられていたにもかかわらず、古代ローマの人々が熱中していたのが賭博である。82～83ページで紹介した戦車競走や、86～88ページで紹介した剣闘士の戦いも賭博の対象となっていた。

競技が行われる日には、会場の外に胴元が現れて、賭けは大っぴらに行われた。戦車競走はレース数も多く、大金が動いたと考えられている。

戦車競走はレース中の事故も多く、現代の競馬や競輪以上に番狂わせが多かったようだ。始めのほうのレースで勝って、調子に乗って大金を賭けて財産を失ってしまう人もいたことだろう。

こうした競走や戦いの賭博以上に愛されたのが、サイコロ賭博だ。複数の6面体のサイコロを壺に入れて転がし、出た目で競い合った。サイコロ以外では、骨製のおはじきを使った賭博も存在した。

サイコロ賭博は手軽にできたので、多くの人々に愛された。カリギュラやネロといった皇帝たちですらサイコロ賭博に熱狂したという記録が残っている。初代皇帝アウグストゥスも無類のギャンブル好きで、サイコロ賭博によって1日で高級官僚の年収分の大金を失ったといわれている。

サイコロ賭博が行われた場所は、宿屋、食堂、公衆浴場などだった。これらの宿屋には、賭博場となる裏部屋が用意されていた。

食堂を訪れる客は、もちろん料理や酒が目当てである。だが、店内ではサイコロ賭博も行われたり、歌と踊りのパフォーマンスが行われて見物できたりして、違った楽しみ方をすることもできた。

給仕をする女性が客の求めに応じてウエイトレスから娼婦に早変わりして、身体を売ることも日常的に見られる光景だった。

庶民の楽しみ方

酒、女、ギャンブルを求めて

食堂、宿、公衆浴場は、狭くて息苦しい住居を飛び出した男たちが多く集った。

食堂

安いワインと簡素な食べ物を出すカウンターのみの立ち飲み屋だった。歌と踊りの見せ物をやっている店も多かった。

酒

男ばかりだった食堂では、何杯もワインを飲んだ男たちが酔いながら猥褻なジョークを言い合った。

賭博

禁止されていたのにもかかわらず、多くの人たちが大金を賭けて楽しんだ。特に人気だったサイコロ賭博は、皇帝までもがのめり込んだ。

女

支給女や踊り子が、客の要望に応えて娼婦に早変わりすることは日常茶飯事だった。男女が夜を共にするための「裏の部屋」が用意されていた店も多かった。

娯楽の作法
その12

古代からエジプトのピラミッドは定番の観光スポット

該当する時代	王政期	共和政期	帝政期

該当する人々	皇帝	富裕層	自由人	奴隷

ギリシャやエジプトでローマ人は旅行を満喫した

ローマ帝国が地中海帝国を築きあげると、人々は領土内を安全に移動できるようになった。こうした状況は観光を楽しむ人々を生み出した。

人気を集めた旅先は、ギリシャやエジプトだった。

当時のギリシャはローマ属州（イタリア半島以外の領土）であって、その文化はローマに大きな影響を与えていた。そのため、観光客たちはギリシャを訪れて歴史を味わおうとした。

ギリシャでは、神話にまつわる場所が人気だった。パルテノン神殿が建てられた古代アテネのシンボルともいえるアクロポリスの丘や、トロイア戦争の原因にもなった美女ヘレネーの墓などを訪問した。

エジプトを旅した場合、人々はギリシャやローマとは違った文化を堪能した。現代でも人気のピラミッドは、当時でも定番の観光スポットで、頂上まで登る人もいた。

そのほか、人気のスポットだったのは、アレクサンドロス大王の墓やアレクサンドリア図書館。アレクサンドロス大王は、紀元前４世紀のマケドニア（ギリシャ北方の国）の王で、ペルシャやエジプト、インドの近くまでを征服して大帝国を作った人物だ。図書館は後のプトレマイオス朝エジプト王国の首都アレクサンドリアに作られたもので、古代図書館としては最大のものである。

エジプトといえばナイル川のワニも有名だが、調教されたワニの曲芸も披露されていたという。

当時の人びとも、今と同じように観光ガイドブックを片手に旅をした。評判だったのは、地理学者のパウサニアスが自ら歩いて書いた『ギリシア案内記』だった。また、神殿では神官にお金を払えばガイドしてもらうこともできた。

神々がおはす「聖地」巡礼へ

多神教であった古代ローマでは、崇拝する神々の逸話が残される都市が人気だった。

ギリシャ

ギリシャ神話の英雄や女神を目当てに、多くの富裕層が訪れた。偉大なる歴史を辿るように遺跡などを観光した。

エジプト

ローマ人にとって、エキゾチックな雰囲気を醸す夢の国だった。定番の観光地ピラミッドでは、頂上によじ登る人までいた。

ガイド役

情報は旅行家が書いた本から得ていたローマ人だが、現地の神殿などは神官自らが観光客を有料で案内をした。

土産品

その土地でしか手に入らないものなどが土産品に選ばれた。人気があったのは、蜂蜜、食器グラス、パピルスに小瓶に入れられたナイル川の水だった。

娯楽の作法
その13

皇帝の夜のお相手をする高級娼婦がいた

該当する時代	王政期	共和政期	帝政期

該当する人々	皇帝	富裕層	自由人	奴隷

皇帝に愛された高級娼婦や娼婦として働いた皇妃たち

「娼婦は世界最古の商売」という言葉もあるが、古代ローマでも性風俗産業が発展していた。

娼婦となる女性は少なくなかった。自然災害や伝染病で夫や親を失い、娼婦として働かざるを得なかった女性が多かっただけでなく、金儲けのために奴隷に売春させる者もいたのだ。

性風俗を利用する男性も多かった。結婚を禁じられた兵士など、ローマでは晩婚の男性が多く、性欲を満たすために客として足を運んだのだ。

ローマには男娼も存在した。男娼の値段は娼婦より高かったが、働ける期間は短かった。「目上の者が目下の物を抱く」という不文律があり、たくましい身体に成長すると男娼として働けなくなったのだ。

墓場で客をとる「墓守女（はかもりめ）」と呼ばれる娼婦など、屋外で活動する娼婦もいたが、娼館で働く娼婦も多かった。

娼館には貧民街に店を構えるものもあれば、裕福な人たちが利用する娼館もあった。そこで働く高給娼婦は、饗宴にも呼ばれたという。娼婦には楽器や舞踊などの才能もあったため、まさに才色兼備な存在だった。

娼婦の中には皇帝に愛された女性もいた。第2代皇帝ティベリウスに愛された娼婦フロラは、死ぬ際にローマに莫大な遺産を寄付したことから、女神として扱われるようになった。彼女のための神殿まで建てられている。

なんと娼婦として働いた皇妃もいた。第4代皇帝クラウディウスの妻メッサリーナは好色で、浮気だけでは満足できず、娼館で客をとったのだ。

高級娼婦たちはたくさん稼いだが、衣装代などで経費がかかった。資金が貯められないと老後は悲惨。年老いて娼館を追い出されて、墓場で客をとるようになってしまった娼婦もいたほどである。

売春宿

娼婦だけでなく男婦もいた

細かく決められた条件などにより結婚ができなかった男性たちの欲望を鎮める方法は限られていた。

歩き回る娼婦

剣闘士同士の闘いなど、血なまぐさい見世物に焚き付けられた男たちは、興奮状態なことが多かった。そこを狙って娼婦たちはコロッセウムの近くで自分を売った。

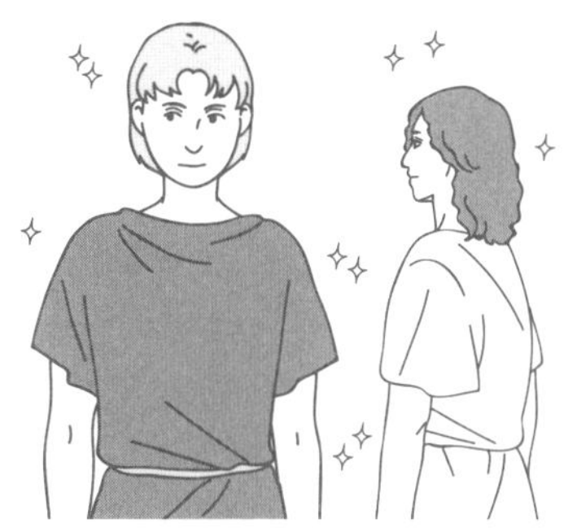

男娼の需要も高まる

古代ローマでは同性愛も異性愛も変わらぬものとされていた。上流階級の男たちは性的奉仕をさせる美少年の奴隷を所有し、贅沢な嗜好品として扱った。

常に減量していた

当時の美の条件は、色白で細い体であること。自分の身体が商売道具であった娼婦たちは、常に食事制限と運動をしてプロポーションを保っていた。

娼婦に転身した皇妃

淫乱な性格であった妃メッサリーナは、自分そっくりの娼婦とすり替わり、夜の町へと繰り出した。

column ②

犯罪だとわかっていても浮気はやめられない

良妻賢母を求められた人妻にも欲はあった

未婚女性は純潔を守り、既婚女性は良妻賢母であることが義務付けられていた古代ローマ。しかし、既婚女性でも欲求不満に耐えられないケースがあった。たとえば亭主が晩婚の場合、亭主の加齢による性欲減退に妻はどうしても物足りなくなるもの。

加えて、当時はDNA鑑定など存在しない時代。誰の子どもかを証明する術はなく、身体を持て余した女性たちが火遊びをすることが増えた。これを受けて皇帝は姦通罪を制定し不倫の撲滅に努めたが、罪を逃れようと自らを娼婦と騙ったり、愛人と駆け落ちをする女性が続出したという。

また、皇帝の娘でありながら毎晩淫らな宴を開き追放された者や、皇后でありながら娼婦となった者もいた。

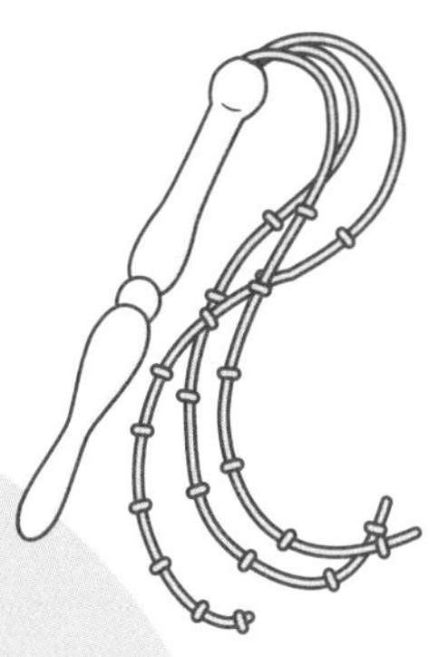

3章

奴隷の作法

ローマ帝国には、奴隷という身分の人たちが当たり前のように存在していた。彼らはローマの繁栄を支える貴重な労働力だったのだ。彼らは奴隷とはいえ、きちんとした食事や褒美、休日などを与えられ、決して労働ばかりではなかった。本章では奴隷たちの生活を解説していく。

奴隷の作法
その1

人口の3割に当たる奴隷は市場で手に入れられた

該当する時代	王政期	共和政期	帝政期

該当する人々	皇帝	富裕層	自由人	奴隷

奴隷を購入する時は健康面や出身地などに注目

現代社会では、奴隷制度は人権無視の非倫理的なものといえる。しかし、古代ローマ帝国では人口の約３割が奴隷で占められていた。それほど、奴隷の存在はごく当たり前だったのだ。

奴隷の供給源は主に戦争である。このため、奴隷はイタリア半島の外から連行された捕虜たちであった。子どもの奴隷の中には、極貧が原因で親に捨てられ奴隷になるケースも。ほかにも、ギャンブルや酒、女または男に溺れて身を持ち崩し、多額の借金を返せずに奴隷になる愚か者もいた。

こうした奴隷は、商人から直に購入するか奴隷市場で買うことができた。市場では、商品である奴隷の首には名前のほか、出身地や身体的特徴などのスペックを記入した木札がかけられた。購入希望者たちは、名札の内容や、市場を取り仕切る商人から聞いた情報を手がかりに奴隷を選んだのだ。

一般的に「良い奴隷」は家内出生奴隷だといわれた。家内出生奴隷とは、所有している女性奴隷から生まれた子どものことで、主人の所有物になった。彼らは出生した時から奴隷なので、奴隷として生きることを自然に受け入れる。そのため、身分のことで苦悩することはなく、主人に忠実な良い奴隷になることが多かったそうだ。

反対に「悪い奴隷」というのはイタリア半島（特にローマ市）出身者だ。この時代さまざまな理由で奴隷となった者がいたとはいえ、主人と奴隷が同じ民族というのは気まずい。それゆえ、奴隷の購入時にローマ市出身者をＮＧとする者は多数いた。

奴隷の平均価格は成人男性で1000セステルティウス。60歳以上や８歳未満は400セステルティウスほど。４人家族の年間の最低限の生活費は500セステルティウスだったことから、奴隷は高額商品だったことがわかる。

奴隷市場

公に行われた奴隷の売買

奴隷の売買が連日行われていた奴隷市場は、常に多くの人で賑わっていた。

奴隷市場の様子

奴隷市場では女性や子どもも並び、奴隷商人は各奴隷の特徴を壇上でアピールし、少しでも高く売ろうと努めた。

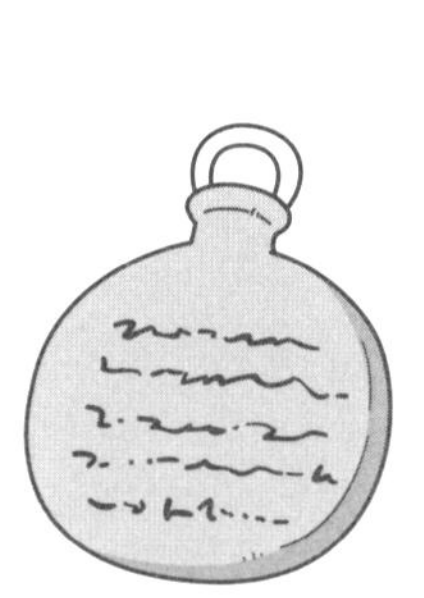

青銅製の名札

青銅製の名札で、逃亡した際に逮捕状としても使われた。

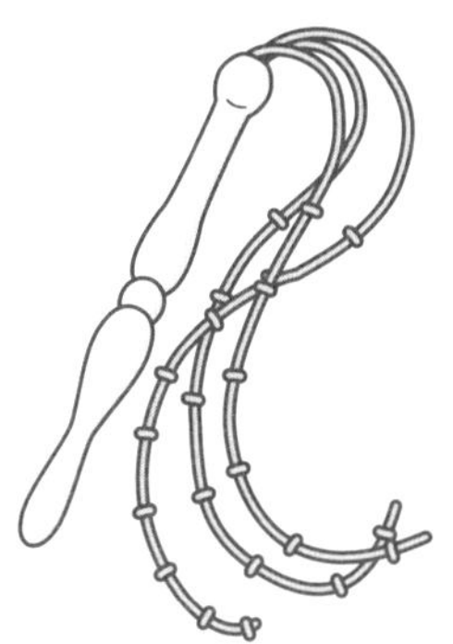

ムチ

奴隷のしつけにはムチが使用された。悪さをした奴隷の体を打ちつけた。

奴隷は主に戦争捕虜

奴隷になったのはローマに敗戦した捕虜たち。ギリシャ人やゲルマン人、ヌビア人などが多かった。

奴隷になるケース

市民が奴隷に転落することも！

親に捨てられてやむなく奴隷になる人もいれば、自堕落で不摂生な生活がたたり、奴隷となる者もいた。

親に捨てられた者

極貧の家庭では、親に捨てられて行き場を失ったことで奴隷として売り渡されるケースがあった。

ギャンブルに溺れた者

剣闘士の試合や戦車競走、サイコロ賭博といったギャンブルに熱中するあまり、借金まみれになる者も。

酒に溺れた者

度を超えた飲酒を毎日繰り返す者は、生活費さえも失って自らの身を売り渡した。

異性に溺れた者

女または男に金をつぎ込んでしまい、首が回らなくなって、奴隷となる者もいた。

奴隷の良し悪し

扱いやすい奴隷とそうでない奴隷

出自がさまざまな奴隷たち。良い奴隷と悪い奴隷もはっきりと分かれていた。

良い奴隷

生まれたときから奴隷なので、奴隷の作法が自然と身についている。主人にとっては扱いやすい。

悪い奴隷

元・一般市民もしくは元・貴族であるため、奴隷意識が低く使い勝手が悪い。

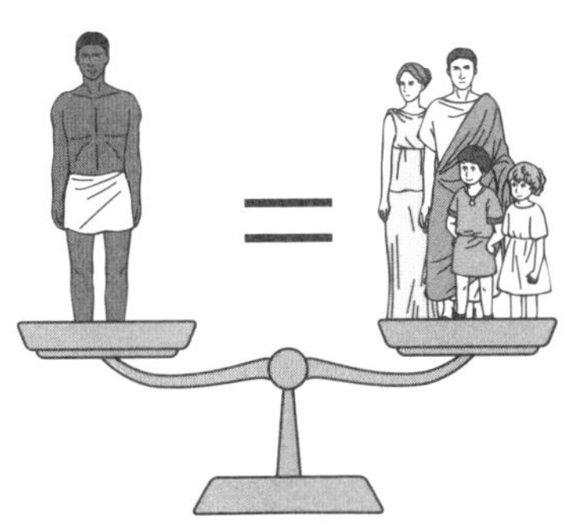

奴隷の値段

4人家族の最低限の年間生活費が約500セステルティウス。奴隷の値段は400～1000セステルティウスだった。

ローマFILE

奴隷商人にもテクニックが必要

奴隷に力仕事を任せるのにひ弱そうに見えては売れないので、奴隷商人も工夫した。痩せている奴隷に大きな服を着せて恰幅を良く見せるなどの偽装工作をした。

奴隷の作法
その2

教育レベルの高い奴隷は家庭教師として働いた

該当する時代	王政期	共和政期	帝政期

該当する人々	皇帝	富裕層	自由人	奴隷

農場での肉体労働と市内の邸宅での楽な仕事

奴隷の仕事は農場での作業と、都市にある邸宅内での作業に2分された。農場で行われた仕事は、作物の栽培に関する労働全般。農地を耕し、種子をまき、水やりから雑草の駆除、剪定、収穫まで。さらに、陶器や農具を作り、それらの整理に清掃も。外で働くのは主に男性奴隷で、女性奴隷は家具を磨く、洗濯をするなどのほか、羊を飼っている主人なら羊毛加工をさせていた。ローマ市外には、数千人の奴隷を所有した大農場も存在したのである。

ローマ市内の邸宅での奴隷の仕事は、主人とその家族の身の回りの世話全般だ。中流以上の家庭には小間使いや乳母、召使いなどとして働く奴隷たちがいた。教育レベルの高い奴隷は、主人の子どもの家庭教師や、手紙の読み上げ・代筆などの秘書的な仕事を任されることもあった。

女性奴隷の場合は、女主人の身支度や、美容面のケアをすることも。着替えの手伝いからヘアメイク、化粧といったお手入れを、器用な奴隷に任せていたのだ。また、当時は化粧に使用する顔料を溶かすため、唾液が使われていた。女主人の化粧品用に、自分の唾液を提供することも女性奴隷の仕事の一環だった。唾液を清潔にするように命じられ、香草を口に含むなどのメンテナンスも怠りなかったという。男女の区別なく、富裕層の邸宅では農場での作業のような肉体労働はほとんどなかった。作業的には楽な上、休みが多く恵まれた職場環境だったといえる。

また、個人が所有するほかに、国や都市に所有権がある奴隷も存在した。そういう国有奴隷たちは、公共施設で働いたり、公共事業に従事していたり。こちらでも教育を受けた者なら、役場で行政のための実務やその補助的作業を任された。どんな仕事でも「手に職と経験がモノをいう」ものである。

奴隷の仕事

奴隷の仕事内容はピンキリ！

一日中、肉体労働を強いられる奴隷もいれば、貴族の身の世話をしたり秘書をしたりする奴隷もいた。

農地で働く奴隷

数千人規模の奴隷が仕える農場も。作物の栽培という過酷な肉体労働を任された。

家庭教師をする奴隷

都市部に住む教育レベルの高い家では、子どもの家庭教師をしたり秘書的な役割を担ったりする奴隷もいた。

家事・掃除をする奴隷

中流以上の家に仕える奴隷は、家族の身の回りの世話をする小間使いや召使いなどが一般的だった。

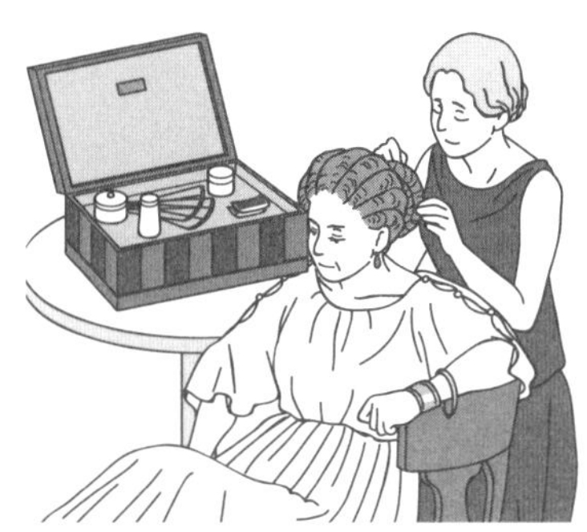

主人の妻のお世話をする女奴隷

女主人の化粧やヘアメイク、着替えを手伝う仕事には、器用な女性奴隷が任された。

奴隷の作法
その3

ご褒美はチーズにワイン！奴隷も食事を楽しんだ

該当する時代	王政期	共和政期	帝政期

該当する人々	皇帝	富裕層	自由人	奴隷

奴隷のやる気を引き出す食事の与え方と役割分担

奴隷は高額商品のため、いかに費用対効果を大きくするかが問題だった。過酷な労働をさせ、満足に食事も与えないのでは奴隷がすぐにつぶれてしまう。しかも、そんな扱いでは反抗的な奴隷となり管理しにくくなる。そのため、鉱山などの特殊な場所以外では、暴力的な扱いは少なかったようだ。

たとえば、食料が理由もなく与えられないということはなく、ごく質素な食事が提供された。奴隷の主人にとっても、仕事を覚えるまでは食べたいだけ与えるほうが得策だったのだ。同時に、積極的にほめることがポイントだった。食の満足感とほめられることで、奴隷の仕事へのモチベーションと主人への忠誠心が上がったからだ。ただし、奴隷が仕事を一通り身につけたあとは、働きに応じた食事量に切り替えられた。仕事量に変わりなく食事を与えると、怠ける者が出てしまうためだ。

そして、十分な働きをした奴隷にはご褒美が与えられた。主に追加の食料や主人の夕食の残り。時には奴隷用のワインにチーズを口にできる者もいたわけだ。ご褒美はほかに、休暇、特別に自分用の鶏や豚の飼育、ベリーの摘み取りなどもあった。

主人が奴隷を管理する上で、役割分担することも重要だった。役割を与え、その仕事に責任があることを自覚させる。すると、一生懸命やらねばならないとやる気を出したという。

特に、農場ではほかの奴隷を監督する立場の管理人の役割が要になる。大農場になると主人は都市部に住み、場内のことを取り仕切るのは管理人の仕事。農場の経営と、奴隷の管理を任されたのだ。その際、管理人は肝に銘じるべき心得（108～109ページ参照）に沿って仕事を行った。同じ奴隷に異なる立場を与え、管理人には下の者たちを監督させるという戦略なのだ。

奴隷の管理・活用

奴隷をうまくマネージメントする

恐怖で奴隷を支配していたわけではなく、適切なアメとムチを与えることで効率良く働かせていた。

新人奴隷は好待遇

仕事を覚えるまでは好待遇で、反抗的な奴隷を減らしモチベーションアップを図った。

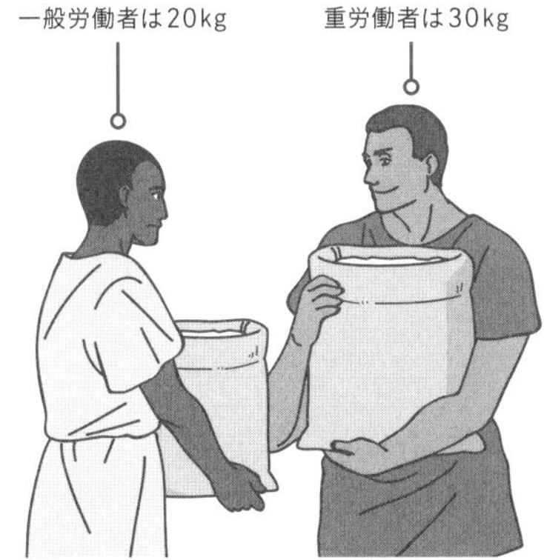

豊富に与えられた小麦

一般労働者には月に小麦20kg、重労働者には30kgと、奴隷が満足するまで食事が与えられた。

奴隷に与えられた褒美

ローマFILE

奴隷用ワインの作り方

つぶしたブドウと強い酢を10対2の割合で樽に入れ、さらに煮立てたワインを酢と同量、真水はブドウの5倍ほどの量を加える。1日3回、5日間混ぜ続けたものに海水を加えてフタをし、10日間発酵させると完成。

管理人の心得

奴隷のリーダー的存在

農場などで多くの奴隷を管理し束ねる「管理人」は、一般的な奴隷とは異なる役割を求められた。

早く起き、遅く寝る

寝る前には奴隷全員が眠っているか、農場内に問題がないかを確認して就寝しなければいけなかった。

むやみに領地を離れてはいけない

領地内の仕事をすべて把握しているかを常に気にかけ、奴隷たちが何を考えているか理解するよう努めた。

特定の奴隷をひいきしてはいけない

良い働きをしたら褒美を、失敗には罰を与えて、公平に管理。むやみに問題を起こさせないように徹した。

奴隷を寒さや空腹から守る

よく働いてもらうために、奴隷の健康維持管理には気を付けた。また、食料も十分に与えた。

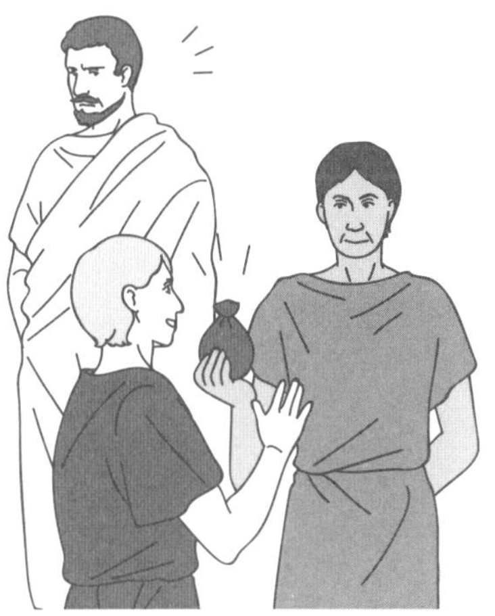

金を貸してはいけない

主人の許しがなければ金銭の貸借は禁止。許しを得た場合でも、直ちに奴隷に返済を求めるよう命じられることも。

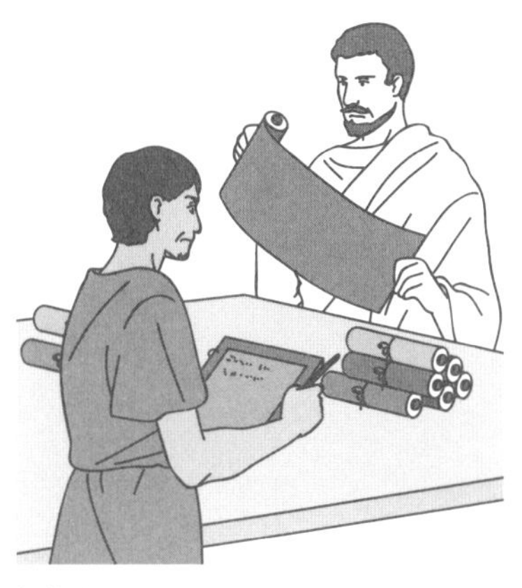

帳簿を調べる

帳簿をごまかしていないか、主人とともに定期的に調べるのが管理人の仕事だった。

領地内のもめごとを収める

中には喧嘩っ早い奴隷も。管理人には、問題を起こさせまいと強く意識するよう求められた。

悪事をした奴隷を罰する

悪事を犯した者には、損害の大きさに応じて適正な処罰を与えた。

奴隷の作法
その4

奴隷でも主人が認めれば結婚することができた

該当する時代	王政期	共和政期	帝政期

該当する人々	皇帝	富裕層	自由人	奴隷

主人が奴隷同士をカップルに奴隷の婚姻は有益だった

ローマ時代、主人たちは奴隷を自分の好き勝手に使って良い所有物と考えていた。そのため、気に入った奴隷がいれば、性的な関係を要求するのは当然の話だった。その対象は、少年や少女といった子ども奴隷が相手でも同様。主人は奴隷に対して、生殺与奪の権利を握っていたのである。

そんな時代だから、若い女性奴隷に夜の相手をさせ、その結果、主人の子を身ごもることも珍しくなかったという。主人の子でも、女性奴隷が生んだ子どもの身分は奴隷である。一般的に、子どもは主人の邸宅で奴隷として仕事についた。しかし、病弱だったり、奴隷を増やす必要がなかったりすると、母親である女性奴隷に捨てさせることもあったのだ。

奴隷同士で結婚するケースも多かった。しかし、法的には奴隷の婚姻は認められないので、主人の判断による事実婚。婚姻を認められた奴隷は主人に感謝し、より忠実に仕事に励むようになった。奴隷同士のカップルに子どもが生まれれば、家内出生奴隷だ。主人側も熱心に仕事をする奴隷が増え、将来性のある若い奴隷が確保できるのだからメリットになっていたのだ。それでも、奴隷同士の婚姻を認めないこともあった。それは、主人に対して反抗心を持つ者や、暴力的といった性格に難がある者たちの場合であった。

逆に、奴隷の中で良い組み合わせのカップルを決めて婚姻させる仲人のようなことをする主人も存在した。中でも、農場の監督を行う管理人をカップルにする場合は、婚姻相手選びに手間をかけた。気立てが良くて頭も良く、忠誠心や正義感があり、夫の仕事を支える役目のできる女性奴隷。管理人という重要ポストにつく奴隷なので、単に婚姻する相手を割り当てる以上の意味があったのである。

奴隷と性

主人と奴隷の性事情

主人が気に入った奴隷と性的関係を結ぶことは一般的で、多くの奴隷が好ましく受け入れた。

高値がついた少年少女

美少女や美少年に夢中になり、高値で買う貴族もいた。

女奴隷が妊娠するケース

女奴隷が主人の子を孕(はら)む場合も。生まれた子は奴隷になるが、ほかの奴隷に比べ甘やかされることもあった。

奴隷同士の結婚

奴隷同士の結婚は、主人の判断によって認められた。生まれた子は従順な奴隷になりやすいというメリットがあった。

結婚を認めないケースも

反抗的な態度、暴力的な性格といった特徴を持つ奴隷は結婚が許されなかった。

奴隷の作法
その5

主人に代わって奴隷にムチを打つ職業があった

該当する時代	王政期	共和政期	帝政期

該当する人々	皇帝	富裕層	自由人	奴隷

ムチ打ちや烙印に首輪のほか罪人奴隷は鉱山送りに猛獣刑

奴隷が不正行為や、主人の気に入らないことをした場合、体罰を受けるのは至極当然のことだと考えられていた。反抗的な態度をとったり、ルールを破ったりするなど、比較的軽い罰の際によく行われたのがムチ打ちだ。主人がムチで打つ場合もあったが、1打ち4セステルティウスで行うプロの体罰請負人に依頼も可能。富裕層のローマ市民は、自分の手は汚したくないと思う者が一定数いたということだ。

適切な理由がある罰なら問題ないが、虐待と見なされる行為をする主人もいた。そのため、主人から苛烈な扱いを受けていると、神殿に訴え出る奴隷もいたという。奴隷の訴えは、神官や政務官が検討して裁定を下した。奴隷の言い分が通ると、奴隷は別の人に売られ、その代金が元の主人に。奴隷の訴えが却下されれば、主人の元へ戻らなければならなかった。

これまでの例は、個人が購入した家内奴隷のケースだ。重罪を犯して奴隷となった者に対する罰は、鉱山やガレー船での重労働で、過酷な環境で死ぬまで働かされた。また、猛獣刑と呼ばれる公開処刑法も。猛獣が闘技場で奴隷を食い殺すのだが、当時は見世物の一種だったのである。

主人のもとから逃亡する奴隷も、後を絶たなかった。待遇に不満がある、仕事がつらい、奴隷という立場自体を受け入れられないといった理由から逃げ出すケースもあった。理由はどうあれ、主人にとって奴隷の逃亡は頭の痛いトラブルだ。奴隷に逃げられた主人は、まず懸賞金をかけ、市場に指名手配風の張り紙をする。同時に、逃亡奴隷を捜索するプロや地域の役人、有力者たちに協力を求めた。もし逃亡奴隷が戻ってきた時は、首輪をする、顔に烙印するなどを行って二度と逃げ出さないように対策を徹底したのだ。

体罰請負人

悪さをした奴隷には厳格な処罰を！

比較的軽い罪に対する処罰として、ムチ打ちがあった。主人自らムチを打つ家もあれば、代理人を立てる家も。

体罰の見せしめ

「体罰請負人」は主人の代わりに奴隷をムチで叩いた。高台の上で行うのは、ほかの奴隷に対する見せしめの目的もあった。

体罰請負人を立てる理由①

主人のケガを防ぐ目的があった。自分のムチでケガをしたり、顔を殴って拳を痛めたりする主人もいた。

体罰請負人を立てる理由②

行き過ぎた体罰は奴隷に訴えられてしまうことも。請負人を立てることで主人は冷静に体罰を執行できた。

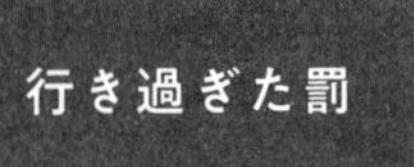

体罰もやりすぎると訴えられるので注意

罪を犯した奴隷は罪状に応じて罰を受けるが、あまりにも理不尽で残虐な罰は許されなかった。

ライオンのエサに

重罪人が公正な裁判を経て処される「猛獣刑」によって、意図的にライオンのエサにされる奴隷がいた。

高所から突き落とし

精神的に不安定になった主人によって二階の窓から突き落とされ、命の危機にひんした奴隷もいたという。

ペンで目を刺す

機嫌が悪い主人は怒りにまかせ、持っていたペンで奴隷の目を突き刺した。

逃走

奴隷に逃走はつきものだった!?

戦争や政情不安の隙につけこみ、主人の目をかいくぐって逃亡する奴隷は主人を困らせた。

奴隷の逃走

十分な食事と休養を与えて丁寧に扱っていても、奴隷の逃亡は日常茶飯事だった。

逃走奴隷を探す請負人

犬を使って逃走奴隷を探すプロの請負人が存在した。代金は高いが、彼らに頼む主人もいた。

魔術をかける呪術者

逃亡者に対して呪文をかける魔術に時間と金を費やす主人もいた。

捕まった奴隷

銅板の首輪をはめたり、顔に烙印を押したりして再犯を防いだ。

奴隷の作法
その6

お祭りの日は主人と奴隷の立場が逆転した

該当する時代	王政期	共和政期	帝政期

該当する人々	皇帝	富裕層	自由人	奴隷

くじ引きで当たれば奴隷が王様になることも!?

主人のために働き詰めの奴隷でも、気兼ねなく羽を伸ばせる日があった。それが、農耕の神サトゥルナリアを祝し、12月17～23日に催された「サトゥルナリア祭」だ。その期間中は無礼講となり、奴隷も特別に自由を謳歌することができたのである。

祭りの公的な儀式は神殿で行われ、ローマ中の人々は飲めや歌えのバカ騒ぎを繰り広げた。祭りの時だけ、奴隷は賭け事を公的に許され、主人への口答えなども不問に付された。しかも、この祭りの期間中は階級がなくなって価値観が逆転したという。主人と奴隷、男と女など、社会的役割を入れ替えて振る舞うという習わしがあったのだ。たとえば、主人よりも先に奴隷たちが食事を取り、その給仕は主人が行うことも見られたそうだ。

その上、奴隷たちの中からくじ引きで王を選ぶという、悪ノリ気味の風習も。当選した者は王冠とマントで王様になりきって、変な命令でもくだことができた。そして祭りのフィナーレには、王を殺す（実際に命を落とすわけではない）儀式が行われ、一時的な立場の逆転状態も終わるのだった。

奴隷は誰もがこの祭りを楽しんでいたようだが、主人は立場の逆転になじめない者も多かった。ノリの良い主人なら奴隷たちの輪に自ら入って、盛り上げ役を買って出る場合も。普段の主従関係による緊張感がほぐれ、良いコミュニケーションが図れる面もあった。しかし、浮かれ騒ぎから距離を置くタイプの主人は、ひとりで自室にこもったりしていた。奴隷のほうとしても、主人がいないほうが好き勝手に騒げるので良かったのかもしれない。

どちらのタイプの主人も腐心したのは祭りのあとのこと。バカ騒ぎの余韻を残さず、いかにして普段の規律正しい生活へ戻すかに細心の注意を払った。

ハレの日

年に1回、羽を伸ばせる日があった

飲めや歌えの大騒ぎをして、どんな発言をしても基本的に咎められることはなかった。

一般市民のように自由を謳歌

自由に飲み食いして、酔って叫んで、ゲームやギャンブルをすることも許されたため、奴隷たちも按察官の前で堂々とサイコロを振った。

主人に歯向かってもOK

その日限りの下剋上で、主人に口答えをしても不問とされた。

王様ごっこ

くじ引きに当たった奴隷が王様になりきって変な命令をくだすなど、悪ふざけをする風習もあった。

奴隷の作法
その7

強制労働に怒った奴隷が大反乱を起こした

該当する時代	王政期	共和政期	帝政期

該当する人々	皇帝	富裕層	自由人	奴隷

植民地シチリア島での反乱と大規模なスパルタクスの反乱

古代ローマでは、戦争の勝利によって捕虜などの奴隷が大量に供給された。本国と植民地（属州）にも、戦争後は奴隷の数が一気に増えることになる。捕虜の中には不満を持つ者が多く、奴隷の大規模な反乱の火種となっていった。そして、最初の反乱は、前2世紀末に属州シチリア島で勃発した。

属州では農地が国有化され、富裕層がその土地を安価で借り上げた。大土地所有制となり、大地主はその広い土地を奴隷たちに耕作させた。シチリア島でも、大地主の農場で重労働に従事する数多くの奴隷たちがいた。顔には烙印、足には自由を奪う鎖と重りを付けられ、主人への不満が鬱積。農業奴隷だけでなく、家畜の世話をする牧夫たちも不満を募らせ、武器を手に集団で略奪を行うようになった。次第に農夫と牧夫奴隷が結託し、反乱へと突き進んでいく。町は破壊され、おびただしい数の死者が出た。結果として、小規模な勝利はありつつも、奴隷集団はローマ軍によって鎮圧されたのだった。

その後、奴隷の反乱で一番有名なスパルタクスの反乱が紀元前1世紀にイタリア半島本土で起こった。剣闘士奴隷の養成所から逃げたスパルタクスを中心に逃亡奴隷が集結し、大反乱軍としてローマ軍と戦ったものだ。彼らに奴隷の国を建国する、といった大層な野望があったわけではない。当初、彼らには自分の故郷へ帰って自由を得たいという思いがあっただけだ。しかし、各地の不満を持つ奴隷が相次いで参集し、反乱軍は一大勢力に。スパルタクスが極めて有能な指揮官だったという要因も大きい。3年にわたり反乱軍は戦も、最後はローマ軍に壊滅させられた。

スパルタクスの反乱後は、奴隷の大きな反乱は起こっていない。これらの反乱が、奴隷の待遇や権利を改めるひとつの契機になったのは事実である。

反乱

あなどってはいけない！　奴隷の反乱

あまりに酷使しぞんざいに扱っていると、奴隷はあらゆる手段を使って主人や為政者に反旗を翻した。

奴隷の反乱

扱いがひどく不満を募らせた奴隷は、徒党を組んで反乱を起こして街を燃やすなどして、扱いの改善を求めた。

農業奴隷の反乱

農具の扱いに長けていた農業奴隷は、農具をもって反乱を起こした。

ローマFILE

主人のゴシップを流す奴隷

市民に対して、主人の悪口やゴシップを垂れ流して主人を陥れようとする奴隷もいた。

奴隷の作法
その8

奴隷から市民に昇格するには、主人が納税する必要があった

該当する時代	王政期	共和政期	帝政期

該当する人々	皇帝	富裕層	自由人	奴隷

遺言で解放されるのが一般的 解放は主人にもメリットあり

解放された奴隷は、ローマ市民（自由人）になることができた。解放の仕方で一番定着していたのは、主人の遺言により、主人の死後、それまでの忠勤に報いて解放されるケース。

主人が生前に解放する場合も見られた。解放までの年数はまちまちで、5年の者もいれば20年の者も。女性奴隷なら、主人が妻にするからという理由で解放されるケースも多かった。この場合、解放後にほかの男と駆け落ちされるような事態を防ぐ対策が必須。忘れてならないのは、解放の条件に結婚を入れておくことだった。

奴隷を解放する際、公式な手続きでは政務官の面前にて奴隷をこん棒で最後のひと打ちをし、承認を得たという。しかし、こん棒で打つのは真似事だけで許されたらしい。また、解放に当たっては奴隷の価格の５％を支払う必要があった。こちらは税金なので、もちろん免除はされなかった。

もうひとつ、主人に代金を払って解放奴隷となる方法もあった。通常は、自分で自分の自由を買い取る。そのほか、奴隷のカップルのうちの１人が解放され、相手を買い上げるというケースも結構多かったという。

こうした奴隷の解放は、家内奴隷のほうが主人との関係性を築きやすいのでチャンスに恵まれていた。他方、農場で解放されるのは奴隷頭の管理人くらいだった。働き手を補充する手間を考えたら、解放するほうのデメリットが大きい。かわいそうなことに、一般の農場奴隷は大半の者が働き通しで、奴隷のまま一生を終えたのだった。

ところで、解放後も主人はパトロヌス（保護者）、解放奴隷はクリエンテス（庇護者）としての関係が続いた。多くのクリエンテスを有することで、選挙の際に有利になるなど、主人の側にもメリットがあったからだ。

解放奴隷

奴隷も自由を夢見ることができる

奴隷も一生奴隷というわけではない。真面目に働き続けることで一般市民の身分を手にする者もいた。

死後に解放

主人の遺言により、主人の死後、奴隷の立場から解放された。奴隷解放としてはもっとも定着していた方法だった。

主人の正妻へ

主人と結婚する女性奴隷も存在し、ほかの男と駆け落ちするなどの対策をしっかり講じた上で解放した。

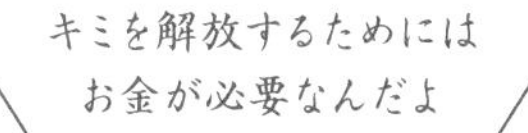

解放には納税が必要

奴隷の価格の5%が奴隷解放に必要な税金。この税金が免除されることはなかった。

解放までの年数はまちまち

奴隷が解放されるまでの年数に目安はなかった。5年で解放される者もいれば20年かかる者もいた。

column ③

自分たちも生きた証を残したい!?奴隷たちの葬儀事情

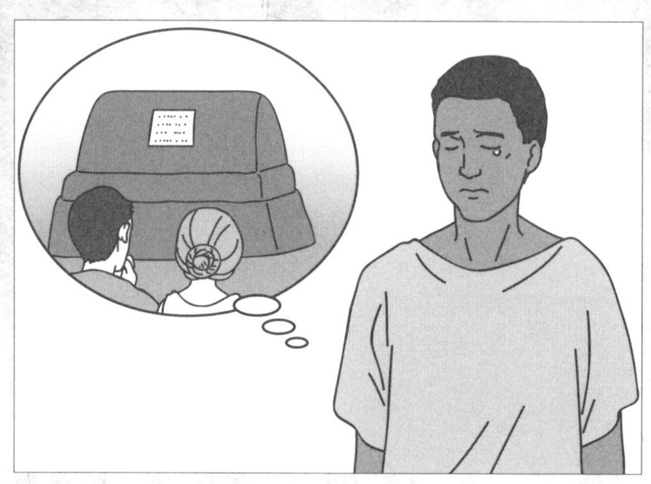

葬儀互助会によって埋葬代を工面

古代ローマでは、一般市民は死後、カタコンベと呼ばれる集合墓に葬られた。墓には碑銘が刻まれ、故人が忘れられることのないよう配慮がされていたが、最下層の人々や奴隷に対してはされなかったという。

彼らは死後、プティクリと呼ばれる深さ10m程度の大穴に放り込まれるだけだった。こうした習慣に変化が現れたのは帝政期に入ってから。ささやかなものであっても、葬儀を行ってほしいと願った彼らは葬儀互助会を結成。この会に入会した者たちは毎月少しずつ会費を払って、死後に葬儀を行ってもらい、集合墓に埋葬してもらえるよう経費を貯めたという。この会のおかげで、徐々に一般市民と同じように配慮がなされた葬儀、埋葬を行ってもらえる者が増えていった。

4章

帝国軍の作法

古代ヨーロッパの覇者であるローマ帝国。本章では、その覇権を生み出したローマ帝国軍の軍事と兵士たちの日常について解説していく。入隊までの流れ、軍隊の組織構成、兵士たちの日課、訓練、会戦の作法や武具や装備についてなど、軍事力の強さの秘訣を紐解いていく。

帝国軍の作法 その1

帝政期以前の兵士は自前の武具で戦った

該当する時代	王政期	共和政期	**帝政期**

該当する人々	皇帝	**富裕層**	**自由人**	奴隷

兵役はローマ市民にとって義務であると同時に権利

古代ローマを地中海の覇者にした原動力は、一にも二にも軍事力の強大さにある。イタリア半島の統一を果たした前3世紀、ローマの人口は推定で100万人近かった。うち従軍可能な成年男子の数は推定約30万人。これに同盟国の兵士を加え、ローマは100万人を動員可能だったと考えられる。ヨーロッパからインダス川にかけて広大な領土を獲得した古代ギリシャのアレクサンドロス大王でさえ、動員した兵士の数は約5万人である。当時、ローマはほかを圧倒する軍事力を誇っていたのだ。

そんなローマだが、実は帝政期になるまで常備軍を持っていなかった。職業軍人が登場したのも共和政末期のこと。それまでは、自前の武具を身につけた市民たちを集めて軍団（レギオ）を構成していた。王政期、財産に応じて部隊を編成したのが第6代王セルウィウスだ。各隊は、それぞれ身につける武具の種類も異なる。ローマの戦法は重装備に身を固めた歩兵を中心とした、古代ギリシャ以来の重装歩兵戦術。自前で装備を調えるには、かなりの財力が必要とされたからである。

共和政期における兵役は、財産を持つ17〜46歳の男性市民にとって、義務であると同時に権利を手にすることでもあった。軍団員になることは、すなわち政治的な発言力を持つことを意味するからである。財産を持たぬ者は兵役を免除されていた。というと聞こえは良いが、武具を調達できない者は軍務につく資格がなかったのだ。

戦争のたびに兵を集めるやり方をやめ、常備軍へと制度を変えたのは帝政ローマの初代皇帝アウグストゥス。当初の25軍団から始まり、3世紀前半にはその数33を数えた。基本単位は1軍団600名から成るコホルスで、その総数は約5400。主に属州（古代ローマの本国以外の領土）に配備された。

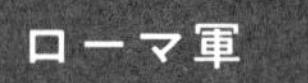

ローマ軍

金持ちしか兵士になれなかった

財力のある者がローマ軍兵士になり、政治的な権利を手に入れた。やがてローマは巨大な軍事体制を築くことに。

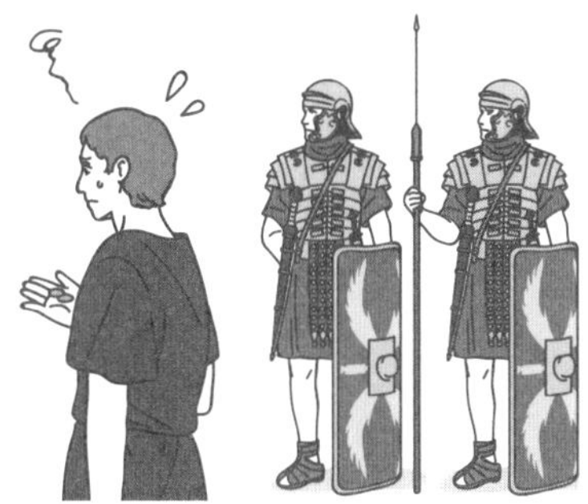

武具は自費で調達した

帝政期よりも前の時代では、武具は国家から支給されず、自分たちで武具を調達しないと兵士になれなかった。財産のある者だけが軍務につけ、政治的な権力を持つようになった。

槍の戦術が得意だった

ローマ軍は槍の戦術が長けていた。密集した陣を組み、楯の隙間から3～4mほどの槍を突き出して敵と戦った。

軍団

ローマ軍の兵力

ローマ軍の一軍団には、4200～5000人の兵士たちと、300の騎兵、さらに同盟国からの補助軍がいた。この一軍団は30の隊(マニブルス)で編成され、3列の陣を組んで戦った(P149参照)。

帝国軍の作法
その2

身長173㎝以下は兵士になれなかった

該当する時代	王政期	共和政期	**帝政期**

該当する人々	皇帝	**富裕層**	**自由人**	奴隷

ローマ市民の憧れの職業 兵士になるための条件とは？

従軍経験があることは、理想的なローマ市民である証。誰もが戦場に立つことをいとわなかった。それは皇帝や有力政治家であっても例外ではない。

そもそもローマ軍の一員になるのに、最初に問われるのが市民権の有無。共和政期、ローマ市民には25年間の徴兵(ちょうへい)義務があった。それが帝政期に志願制へと変わっても、市民権の保有は変わらず必須だった。これが市民権を持たない属州の人間となると、ローマ軍団には入れず補助軍に組み込まれた。

軍団兵は重装歩兵として従軍する。フル装備を身にまとうには、それなりの体力が求められる。身長5フィート10インチ（現在の約173ｃｍ）以上が入隊の条件だが、体格次第で不問に付されるケースもあった。五体満足で健康であることや、男性性器がそろっていること、視力が良いことも必要条件。そこで徴兵逃れに自分で指を切断する例もあったという。

軍団の一員であることは、当時は特権中の特権だ。ならば素性の確かさも問われて当然。そんなときの最重要アイテムが推薦状だ。ローマ社会では定番の人物証明書でもある。軍へ入隊し、さらに出世を望むなら、しかるべき地位にある人物から推薦状をもらっておくのが最善手(さいぜんしゅ)だ。ことに退役兵からの推薦状はウケが良かった。

ローマ軍の兵士となると、待ち受けるのは苛酷な訓練漬けの日々。独身であることも入隊の必要条件で、いろいろ不自由な面は多かった。その反面、収入と衣食住を保障される魅力的な仕事なのも確か。戦争がないときには道路工事などに従事し、土木技術を身につけることもできる。20年間の兵役を勤め上げれば、退役兵として尊重もされたので、貧しい市民には出世の手段でもあった。

入隊資格の厳しいチェックリスト

兵士には誰でもなれるわけではなく、ローマ市民権を持つ独身の男性しか入隊を許されていなかった。

新兵徴募

ローマ軍への入隊を希望する男たちが、新兵徴募官に軍務に就きたいと押しかけている様子。徴募官は1人ひとり入隊資格をチェックしなければならない。

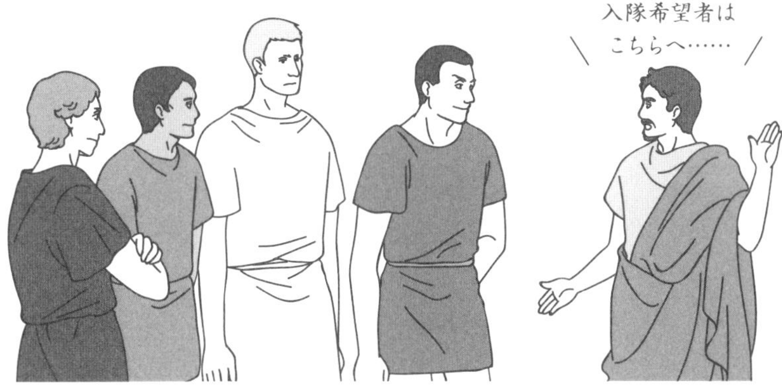

入隊資格

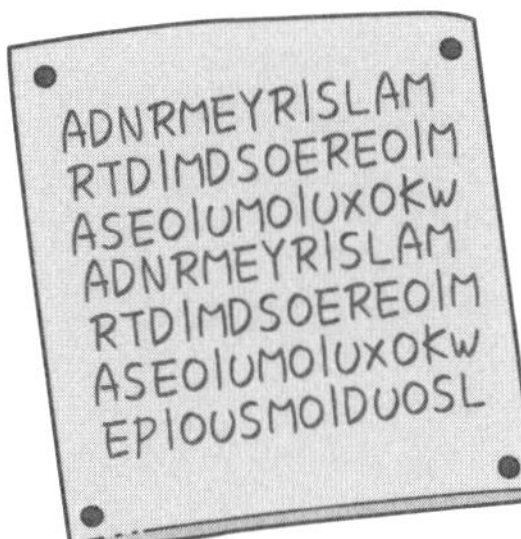

ローマ市民権を持つ者

ローマ市民として与えられる市民権を持つ者でなければ入隊できなかった。外人や奴隷、同盟国の市民は市民権が持てず、軍人にはなれなかった。

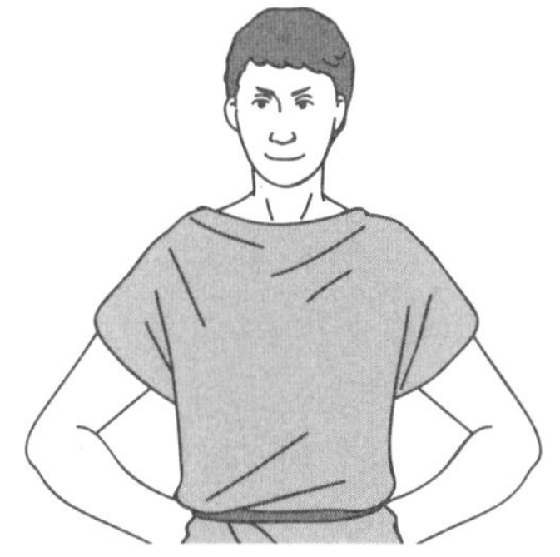

独身である者

ローマ軍の兵士に結婚は許されていなかった。既婚者が入隊を希望した場合は離婚となり、結婚生活から逃れるために入隊する者もいたという。

身体検査

高身長で健康的な男子であればＯＫ！

入隊資格をクリアしたあとは、身体検査が行われる。五体満足で健康的な身体を持つ者が求められた。

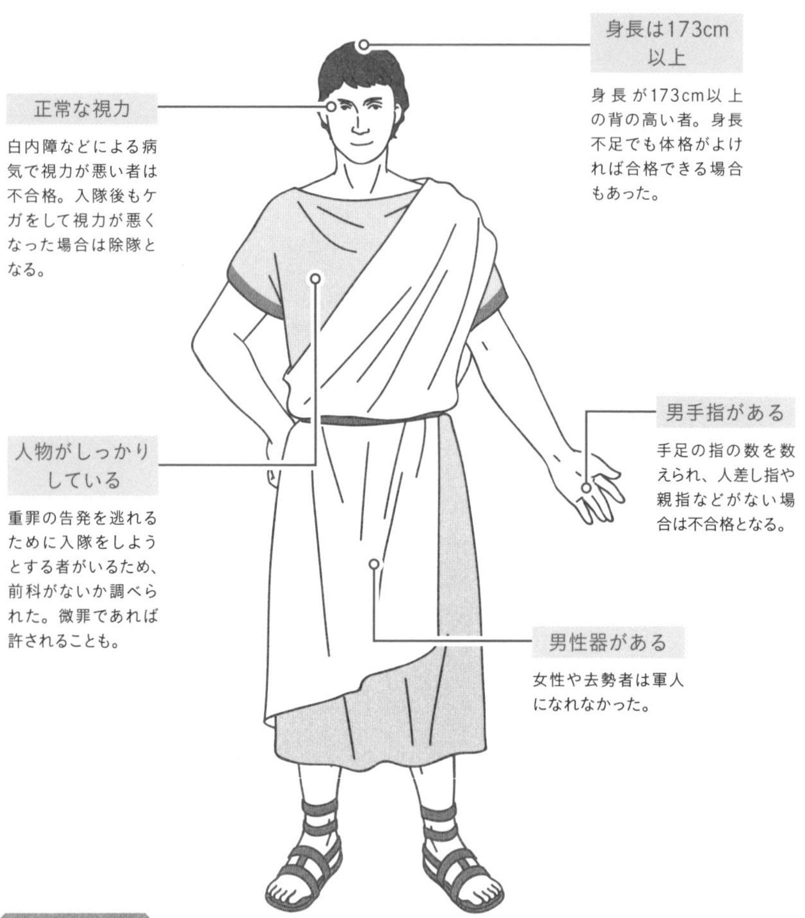

ローマFILE

人物保証としての推薦状

身分や人物を保証するための推薦状も提出しなければならなかった。推薦人が身分が高い人物や退役兵であれば評価が高く、良い推薦状を持っている者ほど堅実な職種に就くことができた。

試験と入隊

最終面接は人物像や体力面をチェック

身体検査をクリアした者は、最後に面接試験を行い、晴れて入隊。宣誓後は約25年間、兵士として働くことになる。

①面接試験

性格や体力を確かめる面接試験が行われる。推薦状に書かれた人物であるかどうかの精査もここで確かめられる。

②宣誓

面接をクリアした者は、「入隊宣誓」の列に並び、「わが身に代えてもローマに忠実に仕える」という誓いの言葉を言い、続く新兵たちは「イデム・イン・メ（私も同様）」と宣誓する。

③検査と登録

入隊後は、氏名のほかに身体の特徴を事細かに記録される。脱走兵や戦死者が出た場合の判別のため、ほくろや傷跡などが検査された。

④配属先へ

配属先の部隊へ行く。当日は配属予定の部隊の兵士が新兵たちを案内する場合もあれば、軍団の兵舎まで自力で行くよう指示されることもあったという。

帝国軍の作法
その3

軍のリーダーは皇帝が直々に決めていた

該当する時代	王政期	共和政期	**帝政期**

該当する人々	皇帝	**富裕層**	**自由人**	奴隷

総督以下、兵士に至るまで指揮系統が整っていた

軍団の規模は、政治体制や時代によって異なる。ローマが黄金時代を迎えた帝政初期、ローマ軍団はひとつの軍団（レギオ）が10の大隊（コホルス）により構成されていた。これに騎兵200強と、非ローマ市民である補助軍を加えた約5000～6000の兵士が実際の戦力だった。軍団数は初代皇帝アウグストゥスのときに25。その後、たびたび増減があった。古代ローマ時代を通じ、数字や名前の付いた通算約50の軍団が創設されたが、すべてが存続したわけではない。

軍団は主要な属州に配備された。属州には属州総督（そうとく）という統治者がおり、行政、司法のみならず、軍団が配備される属州では軍事面の責任者ともなっていた。各属州に配備された軍団は、元老院（当時の統治機関）の上級議員から皇帝により指名を受けた総督以下、複数の階級によって構成されている。配備される軍団規模によって異なるが、1属州に1軍団が配備されるケースでは総督以下、順に軍団長、軍団副官、軍営隊長、首席百人隊長、百人隊長、一般兵士の構成となっていた。

軍団長は元老院の中級議員より皇帝が指名。1軍団に1名いた。軍団長の補佐役である軍団副官は、騎士身分の富裕層から1軍団に6名が、やはり皇帝により任命される。軍営隊長は、非戦闘時は後方支援を担当。首席百人隊長を経験したベテランが務めた。首席百人隊長は百人隊長の中から選抜され、第1コホルスを指揮する。11ホルスは6の中隊（ケントゥリア）から成り、このケントゥリアを指揮する下士官が百人隊長だ。1軍団に60名いて、それぞれ80名の兵士を指揮する。階級的に最下位に位置するのが一般兵士。ローマ市民のうち兵役を志願して採用された者たちで、給料をもらって働く職業軍人である。

軍団のしくみ

軍団トップから一般兵士まで

軍団は主に身分が上級の士官と、下級の軍団兵に分けられる。軍団兵の中には4つの隊が存在した。

士官

属州総督

皇帝が指名した、軍事・行政・司法の責任者。命令権を所有している。

軍団長

軍団の指揮官。元老院議員を3年以上勤めた30歳前後の人物で占められ、1軍団に1名。

軍団副官

軍団長を補佐する幕僚。1軍団に6名。軍団の運営を統括し、指揮権も持っていた。

軍営隊長

野営業務に携わる上級士官。要塞のメンテナンスや、食料、軍事品の手配を担当する。

主席百人隊長

百人隊長のトップ。名誉とされる第1コホルス(大隊)を指揮する。属州総督が選抜した。

百人隊長

80名の兵士を指揮する小隊長。1軍団に60名いる。一般兵士の出世コース。

軍団兵

一般兵士

兵役を志願した市民たち。給料や手当などが与えられ、勤務期間は25年。4つの隊列に分けられた。

ウェリテス

一般兵士の4つの隊列の中の最前列兵。資金不足で重装備ができず、偵察や前哨戦を担当する者。

ハスタティ

第一戦列兵。主に若年者や新兵が担当する。

プリンキペス

第二戦列兵。30歳前後の戦闘に熟練した者。

トリアリイ

最後列兵で、古参の兵士たち。あまり戦闘に投入されることはなかった。

帝国軍の作法
その4

歩兵中心だった最強ローマ軍団の部隊編成

該当する時代	王政期	共和政期	**帝政期**

該当する人々	皇帝	**富裕層**	**自由人**	奴隷

古代ローマ社会には複雑な身分制度があった

共和政期のローマ軍団は重装歩兵、重装騎兵、軽装歩兵、軽装騎兵によって構成され、兵役は王政期以来の義務。市民兵は各兵種に分かれることになるが、ここにひとつのハードルが。装備購入も当人の義務だったのだ。そこで財産に応じて所定の兵種に振り分けられるしくみができあがっていく。

たとえば重装歩兵とともに軍の中核を担った重装騎兵は、コストがかかるため富裕層の分担だった。馬に乗るにも鐙（鞍から下げ足を乗せる馬具）がまだない時代。騎兵は鐙がない状態で馬を走らせねばならず、普段から乗馬に親しんでいる必要があった。また、そのための馬を飼養する財力も必要。そう考えれば、騎兵を務める者たちの身分もわかるというものだ。

共和政末期になると、産業構造が変わって自作農民たちが没落したため、財産で割り振られる兵種のバランスが崩れてしまう。そんなとき執政官（コンスル〈統領〉）の座に就いたのがガイウス・マリウスである。マリウスは弱体化した軍を立て直すために徴兵制から志願制へと制度を改め、給料のほかに武具も国が支給するようにした。

マリウスの兵制改革は、さまざまな面に及ぶ。軍団の主戦力だった重装歩兵は、装備にコストがかかるため富裕層によって構成されていたが、改革後はコストが国負担となり、志願兵によって構成されるようになる。一方、弓や石など飛び道具を用いる軽装歩兵と軽装騎兵は補助軍の属州民たちによって構成されることに。

補助軍の兵士はローマ市民ではなく、給料も年金も満足に与えられない。代わりに軍規や訓練は比較的ゆるめで、除隊時にローマの市民権がもらえるという特典もあった。また、補助軍の多くは地元から動かないため、家族を持つ者も珍しくなかった。

騎兵軍

馬に乗って戦う姿は昔から「かっこいい」

一般的な歩兵の軍団兵のほかにも、馬に乗って戦う騎兵軍がいた。馬術に長けた者しかなれなかった。

騎兵

馬に乗れるローマ人や属州の優れた騎馬能力を持つ民族は騎兵として配属された。騎兵は予備戦力とされ、敵が敗走を始めたときに投入されることが多い。歩兵とは異なる武具を身に着け、兜は頭部全体を保護する形になっていて、スパタという長剣を用いた（P141参照）。

地元民の見世物にもなった

駐屯地では、ぴかぴかの鎧を身に着けて速足で駆ける騎兵隊たちを、ひと目見ようとする地元民たちから人気があった。

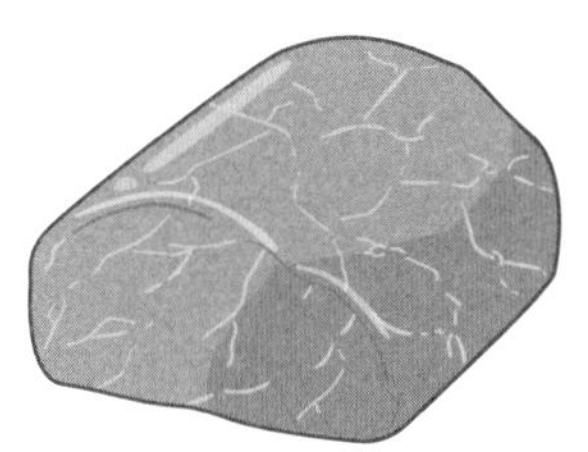

非常食として馬を食べた

遠征中に状況が悪化した場合、乗っていた馬を非常食として食べることもあった。1頭分で数週間はもったという。

補助軍

何でもこなす軍団の補佐役

裕福でない身分の者や、同盟国の地元民の兵士たちは補助軍となった。補助軍は軍団の協力と支援が主な仕事だった。

鎧磨き

鎧を良好な状態に保つためぴかぴかに磨いた。見栄えを良くすることで敵を威圧する意味もあった。

陣営の設置や解体

陣営の設置場所を案内したり、軍団たちと天幕の設置や解体作業を手伝った。塹壕掘りなどの土木作業も行った。

偵察と説明

戦闘中は、待ち伏せしている敵がいないか先に行って偵察をしたり、敵の兵力などを確認して隊長に説明した。

軍団に参戦

補助軍も参戦することがあり、前座的な小競り合いや、敵に矢をかけたり石を投げたりした。接近戦に投入されることもあった。

海軍・近衛軍

奴隷でも入隊できる可能性があった

ローマ軍にはほかにも、海上で戦う海軍や皇帝を守る近衛軍があった。海軍はほかの軍から見下されていたという。

海軍

櫂(かじ)の漕ぎ手が上下3段に配置された三段櫂船(ガレー船)という船を使った。海軍になるには、健康体であれば比較的誰でも入隊することができ、奴隷の地位から抜け出せる可能性があった。そのため、ほかの軍から軽蔑されていた。

近衛軍

皇帝の安全を守る近衛軍はローマ軍で最高の職務であり、給料も待遇も良く軍団の中で人気だった。皇帝から評価された者は百人隊長に昇進することもあったという。近衛軍はサソリの紋章がある楯を持っていた。

column

近衛軍はトガを着用した

一枚布の上着をトガという。宮殿で勤務する近衛兵はトガを着用した。もともとローマ市民の日常服だったが、徐々に上流階級の間で着られるようになり礼服となった。

帝国軍の作法
その5

非番の日は浴場で仲間たちと賭博に興じた

該当する時代	王政期	共和政期	**帝政期**

該当する人々	皇帝	**富裕層**	**自由人**	奴隷

退屈な任務に苛酷な訓練 それが毎日繰り返される

ルーティンワークを規則正しく繰り返すのが軍隊生活の特徴。それは古代ローマ時代も同じ。兵士の1日は、鶏が夜明けを告げるより早く始まる。起きたらすぐに身支度。済んだら軽い朝食をとる。次に待つのが朝礼だ。整列した兵士たちを前に、皇帝や総督からの書状をはじめ、重要な発表が行われる。監督から当日の命令を受けるのも朝礼の場。解散後は引き続き、百人隊長のもとでの所属ごとの集会や、聴聞会など小規模な集会に参加する。

日々の任務のうち、もっとも退屈なのは歩哨だろう。門や倉庫など重要施設の警護に立つもので、監督や司令官の見回りに同行することもある。施設の保守管理に関わる雑役も兵士の任務だ。清掃などの軽作業から、浴場のかま焚き、厩舎や便所の掃除といった重労働まで。中には百人隊長に賄賂を掴ませ、軽作業に回してもらう者もいた。

兵士ゆえ平時でも戦時の備えは必要。教練と訓練も、もちろん日々のルーティンに組み込まれている。カンプスと呼ばれる野外訓練では、陣形を組んでの行進や戦闘、別の部隊との模擬戦などが行われる。パシリカ（市民会堂）やルドゥス（円形劇場）における施設訓練では、完全武装で溝を跳び越える訓練なども行われる。

一日の終わりはお楽しみの夕食の時間。ワインにピリ辛の魚醤ガルム（当時の主要調味料）。そして肉、チーズ、パンなど。兵士の食卓には、一般市民より上等なメニューが並んでいたようだ。夕食後、就寝までは主に装備を整えて過ごした。家族に手紙を書くのもこの時間。夜警当番に出る者もあった。

ちなみに非番の日は、兵士たちはたいてい浴場で過ごす。疲れた体をほぐすのが主目的ではあったが、仲間とサイコロ遊びをしたり噂話に興じるなど、浴場は一種の社交場でもあった。

規則正しい生活にバランスの良い食事

ローマ軍の一日は、朝早くから始まり日中は任務や訓練を行った。夜は許可があれば外に遊びに行くこともできた。

朝礼

起床し、朝食を食べ終えてから朝礼が始まる。総督や皇帝からの書状が読み上げられ、監督からその日の命令が下された。点呼をとり、派遣先での合言葉も発表された。

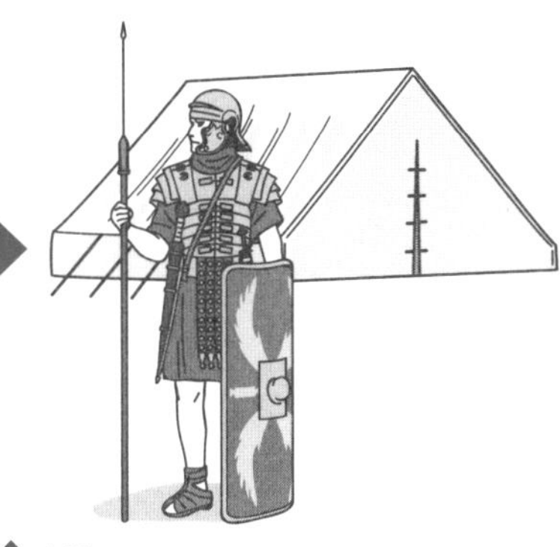

任務

朝礼の解散後、各々の任務につく。歩哨当番の場合、堡塁や倉庫、各門の警備をし、雑役当番は陣営の掃除や浴場のかま焚き、倉庫の管理作業を行った。

訓練

剣術や投槍などの訓練や、陣形を組んで行う行進や戦闘などの野外訓練を行った。訓練は任務のひとつであり一日中行うこともあった。

夕食

軍団の夕食は、肉、チーズ、パン、ビールが定番のメニュー。地域によって獲れる新鮮な獣肉を食べた。

就寝まで

夜警当番ではない者は、夜の点検に備え、武具や食器類を丁寧に磨いて整えた。故郷からの手紙の返事を書いたり、上官から許可がおりれば外に遊びに行くこともできた。

帝国軍の作法
その6

防具が重すぎて移動は亀のように遅かった

該当する時代 ▷	王政期	共和政期	**帝政期**

該当する人々 ▷	皇帝	**富裕層**	**自由人**	奴隷

大きな盾を前面に押し立てゆっくり敵陣に向かった

古代ローマ時代の鎧といって、まずイメージされるのはロリカ・セグメンタタ（板札鎧）と呼ばれる鉄製の鎧だろう。形状からザリガニ風と形容されることもある。各部位ごとに用意した細長い鉄板を、体のラインに合わせて成形。革紐によって固定したものだ。鎖帷子は、当時もっともよく用いられた鎧である。補助軍の兵士も身につけていた。ウロコ状の金属片を皮鎧の上に取りつけたロリカ・スクアマタ（小札鎧）も一部で使われていた。

兜はガレアと呼ばれるものが用いられた。使用者によって形状のバリエーションは豊富だったが、基本的な構造は同じ。額には頭上からの一撃を防ぐためのひさし状の補強材が、うなじには不意討ちに備えたしころ（鉢から背に向かって伸びる鍔状の部位）がついている。ほかにデザイン上の特徴として、頬当てと、羽毛などで作った頭頂部の飾りがある。

ローマ軍の重装歩兵が用いる盾はスクトゥムという。形は楕円形、もしくは長方形。他国のものには見られない大きな反りが特徴だ。帝政期のスクトゥムは精密に合わせた三層の板でできている。素材はオークやカバが好まれた。また、表には軍団や所属ごとに異なる文様が描かれている。重装歩兵は密集態勢で陣形を組み、敵の投石などから身を守りながら前進するテストゥドという戦術をとる。テストゥドはラテン語で「亀」の意。見た目も、ゆっくり着実に進んでいく様子も亀に似ていることに由来する。スクトゥムは防御力に優れていたため、重装歩兵になくてはならない装備だったが、大きいだけに重量もかなりあり、乱戦には不向きだった。

カリガという軍靴も軍装の定番だ。複数の革紐（ストラップ）で構成されるサンダルで、剣闘士も用いていた。

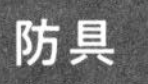

防具

高機能で装飾にもこだわったローマ軍の防具

ローマ軍の装備は役職によって違いがあった。富裕層の兵士は鉄製のしっかりとした鎧を身に着けていた。

旗手

戦闘時に部隊の象徴である隊旗を掲げた。軍団旗は隊の宝でもあり、軍団兵の最高位に上り詰めた者が持った。

百人隊長

軍の指揮官である百人隊長は、最高位を象徴して馬の毛などで作られ、横に広がった飾り物を取り付けた。

剣

基本的にグラディウスという剣を使用した（P141参照）。鞘のついたベルトを肩からさげ、右脇に装着した。

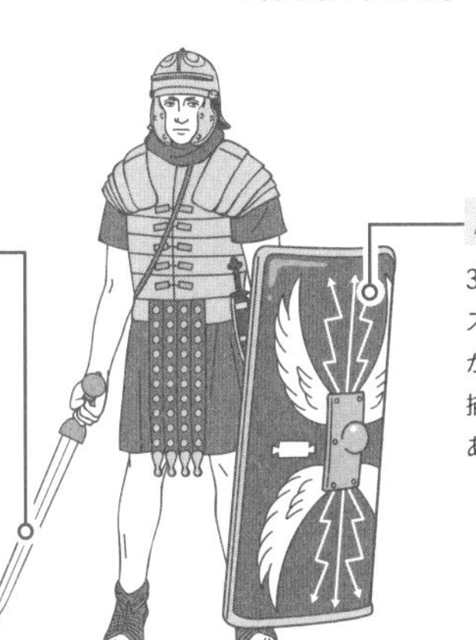

盾

3層の板でできた頑丈な盾。サイズはさまざまで、敵の槍先や弓矢から身を守った。部隊の紋章が描かれ、布や薄い皮を張ることもあった。

一般軍団兵

重装歩兵の一般的な装備服。兜、鉄製の鎧、すね当て、盾を用いた。補助軍などの軽装歩兵たちは、青銅の鎧を身に着け、すね当てはつけず軽い装備だった。

帝国軍の作法
その7

槍は突くものではなく、投げる専用の武器だった

該当する時代	王政期	共和政期	**帝政期**

該当する人々	皇帝	**富裕層**	**自由人**	奴隷

白兵戦の主役グラディウスと敵を貫く投槍ピルム

軍団が密集隊形で進む重装歩兵にとって、古代ギリシャ以来の長剣はジャマになる。そこで使われるようになったのが、長さ18〜22インチ（約20〜30cm）、幅約2インチ（約5cm）の刀身の短い剣のプギオである。刀は両刃で、断面は平たいダイヤモンド形。鋭く尖（とが）った剣先を持っていた。素材には、高炭素の銑鉄（せんてつ）と低炭素の軟鉄（なんてつ）の合金が使用されている。着装時は鞘（さや）についたベルトで肩からさげ、右脇の高い位置に着ける。その際、剣が抜き差ししやすいように鞘を少し前方に傾けるようにした。

そして、古代ローマ軍の主要武器が、ラテン語で剣を意味するグラディウス。はじめてグラディウスを手にして驚くのが重さだ。そのため取り回しやすいよう、自分に合ったバランスのものを探すのが重要である。剣を振るだけで疲れていては、長丁場の戦闘を無事に戦いきることは難しいからだ。

戦術上、重要な役割を果たしたもうひとつの武器がピルムだ。150〜200cmの長さの投槍で、重い木製の柄に鋭い鉄製の穂先がついていた。威力を増すため、丸い鉛の玉が取りつけられることがあったともいう。槍自体は白兵戦で用いる武器だが、投槍であるピルムは戦端が開かれたときに用いる限定的な武器である。相対した敵の部隊に思いきり投げつけるだけ。それで盾を貫通させ、使いものにならなくするのが本来の目的だ。そのために重量がある。うまくすれば投げつけたピルムの鋭い穂先が、敵兵の体を貫くこともある。1戦闘で1回しか使えないとはいえ、それほどの威力がある武器だった。ピルムの一斉投射で敵陣が崩れれば、そこから本格的な白兵戦が始まる。盾を並べて突進したローマ軍団の兵士たちは、グラディウスを突き立て敵陣深くに踏み込んで行くことになる。

武器

長さの異なる武器を戦術に応じて使った

ローマ軍が主に使用した武器は剣と槍。剣は3種類あり、軍団によって使い分けた。

剣

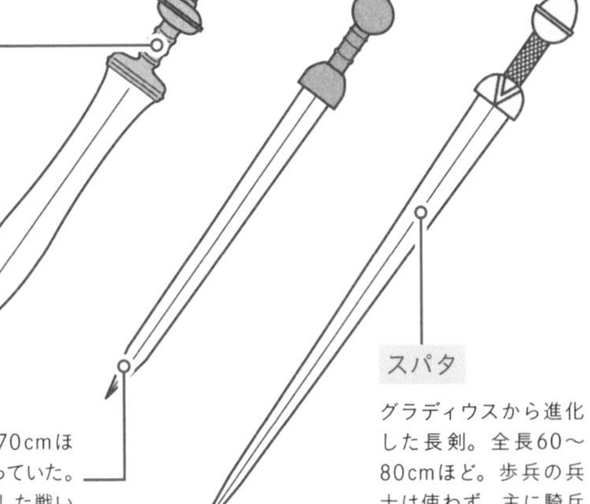

プギオ

前兵士が装着していた短剣。全長20～30cm、刃の幅は5cm以上と幅広で、中央部分が膨らんだ「木葉型」が特徴的。刺突攻撃やとどめの一撃を加えるのに適していた。

グラディウス

古代ローマを代表する剣。全長50～70cmほど。刃は鉄製で作られ、頑丈な作りとなっていた。接近戦で使われ、やや小型のため密集した戦いでも味方を傷つけずにすんだ。剣闘士＝グラディエーターはこの剣が語源となっている。

スパタ

グラディウスから進化した長剣。全長60～80cmほど。歩兵の兵士は使わず、主に騎兵用の剣として使われた。

槍

ピルム

重装歩兵が使った投槍。全長150～200cm、重さは2～4kgほど。先端部分はひし形になっているのが特徴的。突撃攻撃の第1部として投げ、盾に突き刺さるほどの威力があった。

弓

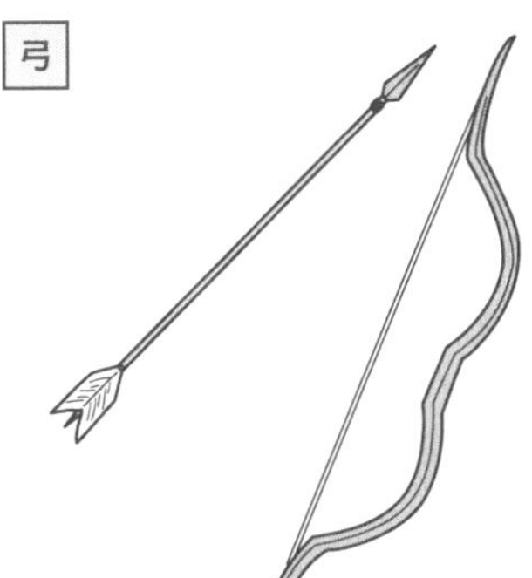

アルクス

複数の材料で張り合わせた複合弓。主に弓兵が使用した。弓矢はサジッタと呼び、弓兵はそこからサジタリイと呼ばれた。

帝国軍の作法
その8

行進の訓練では32kmの道のりを5時間で歩いた

該当する時代	王政期	共和政期	**帝政期**

該当する人々	皇帝	**富裕層**	**自由人**	奴隷

ローマ軍は一日にしてならず最強軍団は訓練が作る!

屈強な兵は地道な訓練によって作られるもの。ローマ軍の兵士たちも、日々訓練に怠りはなかった。それは難度に従い5つのステップに分かれている。

手始めは行進だ。5時間で約32km、次は12時間で約64km。それも難なく歩けるようになれば、距離は32kmに戻って、今度は完全武装しての行進になる。そうして最強軍団にふさわしい整然とした行進を習得できたら、いざ第2段階へと進む。

武器を使った訓練は、木柱が相手。剣闘士の訓練にならったもので、自分の部下より剣闘士のほうが優秀だと気づいた将軍ガイウス・マリウスの兵制改革で採用された。標準装備より重い木製の剣と盾を手に、何時間も木柱相手に実戦さながらの攻撃を行った。

実際の戦闘では、ピルム(投槍)の投てきから白兵戦(剣、刀などの白刃による戦いのこと)が本格スタートする。鋼ではなく皮製の穂先をつけた訓練用のピルムは、標準装備より重い。これを二手に分かれて投げ合う訓練が行われる。これがステップ3。

完全武装で戦場を移動する兵士は、並大抵の体力では務まらない。重い武具を身につけスムーズに動くには、相応のスタミナと敏捷性(びんしょうせい)が必要となる。各兵舎に跳馬(ちょうば)が備え付けてあるのはそのためだ。ステップ4では、完全武装でそれに飛び乗ったり飛び越えたりする。慣れてくれば抜き身の剣はもちろん、ピルムまで持たされる。

個々の能力を高める一方、軍団としての戦術理解も高めなければならない。ステップ5では、練兵場や野原で繰り返し演習を行う。部隊が一個の生き物であるかのように、命令されたらすみやかに動けるようになるためだ。個々の兵士が戦術を理解し、戦場全体を俯瞰(ふかん)して見られるようにするための、重要なステップである。

訓練

基本訓練はまず歩くことから

ローマ軍の強さの秘訣は徹底した訓練にあった。基礎体力を作る行進から陣形演習など、厳しい訓練を行った。

行進

新兵の訓練部隊は繰り返し長距離を歩く訓練をした。5時間で20マイル（約32km）、12時間で40マイル（約64km）などを武装して歩き、戦闘時の長距離移動に備えた。

木柱で剣の訓練

剣の訓練として、木柱を相手に戦った。剣は木製を用いて、水平に突いたり刺したり、フェイントをかけて突進する訓練を行った。

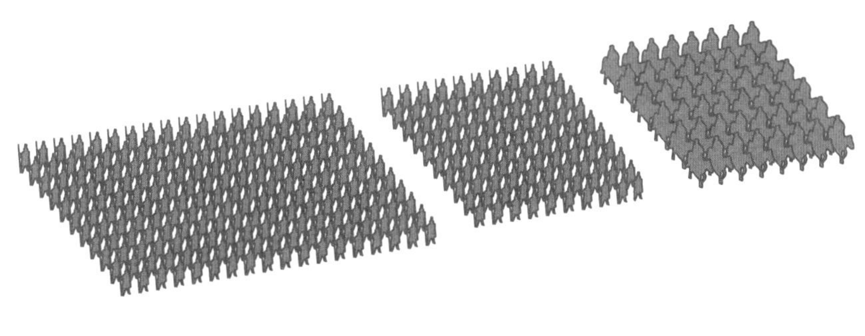

陣形の演習

密集隊形の戦術を得意とするローマ軍は、陣形の演習訓練をしっかりと行っていた。戦闘時のあらゆる状況にそなえ、さまざまな陣形変形を行う訓練をした。

帝国軍の作法
その9

兵士のマントは、防水性は高いが臭かった

該当する時代	王政期	共和政期	**帝政期**

該当する人々	皇帝	**富裕層**	**自由人**	奴隷

必要な品は荷物袋に入れ自ら担いで戦場を移動した

共和政末期のマリウス将軍の兵制改革は、訓練方法や軍団の再編成にとどまらない。行軍の際、兵士の荷物は自ら運ぶというのも改革点のひとつだった。それまで兵士の荷物は隊列のうしろについた召使いたちが運んでいたが、すると本体に劣らぬ長い列になる。そこで兵士自身が自ら荷物を運ぶようにあらためたのだ。

自分で持ち歩くなら、極力荷物は減らしたい。それでも60ポンド（約30kg）あった、最低限の身の回り品を詰め込んだのがサルキナと呼ばれる荷物袋。これは背負わない。緊急時に肩からスッとおろすのが難しいからだ。そこでじかに身に帯びて運ぶ物品を除き、フルカにくくりつけて運んだ。フルカは長さ4フィート（1m）ほどの竿に横棒をつけて十字型にしたもの。サルキナをこの横棒にくくりつけた。また、竿部分にはドラブラという、ツルハシに似た道具を括りつけた。

マントは毛織物なので重い。できるだけ携行したくないが、そうも言っていられない場合もある。必要なときには、兵士は丸めたマントをサルキナに放りこんだ。防水性を高めるため、当時マントは羊毛脂に浸す習慣があったため、かなり臭かったようだ。

パテラは行軍する兵士の最重要アイテムのひとつ。コップに、鍋に、どんぶりにと状況に応じて多様な使い方ができる容器だ。直径が7インチほど（約18cm）で青銅製。錫（すず）で内張りし、溝が彫って料理の熱が伝わりやすいように工夫されているものが良い品だった。地面に置くことも多いため、底が丸いものより平たいもののほうがベター。しっかりした造りのパテラのほうが丈夫で長持ちするが、持ち歩くには重さがネックになる。どちらをとるかの兼ね合いだった。ほかにサルキナには水筒や、数日分の食糧を入れて持ち歩いた。

行軍の際の1人分の必需品は最低でも30Kg！

ローマ軍の荷物はフルカという木の棒にくくりつけて運んだ。食器や食料、道具などを持ち歩いた。

食器
青銅器でできた調理器具。鍋として使う。

水筒
地域によってはひょうたんを水筒として用いた。

雑嚢（ざつのう）
個人の所有物やマント、道具をきれいに磨くための道具を入れる袋。

穴掘り道具（ドラブラ）
ツルハシに似た穴を掘るための道具。戦闘時の壕（ごう）を作るときに使う。

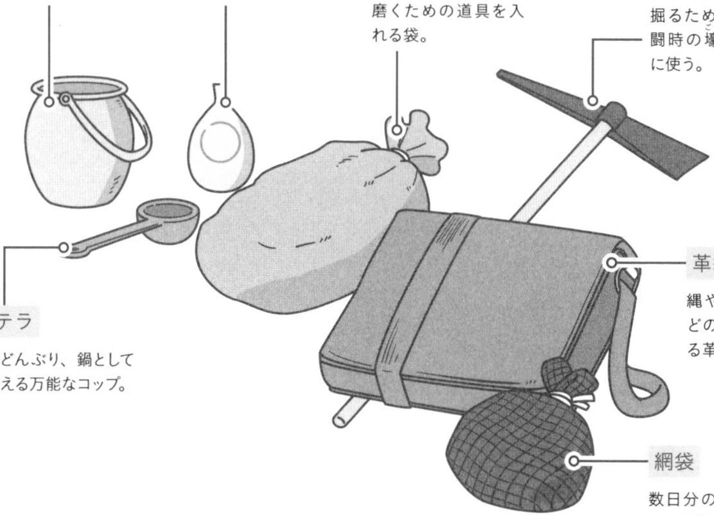

パテラ
皿やどんぶり、鍋としても使える万能なコップ。

革袋
縄やのこぎりなどの道具を入れる革袋。

網袋
数日分の食糧を入れておく網の袋。

フルカ
竿に横棒をつけた十字型の棒。全長は1m以上。荷物を括りつけ、肩にかけて持ち運んだ。

ひき臼（うす）
遠征中は小さな臼を持ち運んだ。小麦などの穀物を粉にしてこね、茹でて食べることもあった。

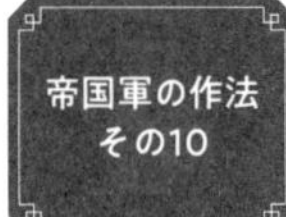

戦闘開始の合図は赤い旗が目印だった

該当する時代	王政期	共和政期	**帝政期**

該当する人々	皇帝	**富裕層**	**自由人**	奴隷

戦場に布陣したときから戦いは始まっている

布陣から勝敗が決するまで、会戦は大きく3つの段階に分かれる。第1段階は戦闘の予備段階で、斥候(せっこう)の敵情監視から始まる。敵軍の位置と、おおよその戦力を把握する重要なステップだ。さらに地形を調べるための偵察隊も送られる。司令官も斥候に同行し、自分の目で状況を確認することもある。

敵の戦意を見きわめるため、わざと小競(ぜ)り合いを起こさせることもある。戦意なしと見れば奇襲の検討も。開戦間近となれば伝令が陣中を行き交い、将校の動きも慌ただしくなる。そして将軍の天幕に赤い旗が上がれば戦いの時来たれりだ。兵たちは速やかに愛用の武具を身につけ、所定の位置につく。

第2段階は戦闘の序盤戦。号令に従い、陣形を固めた軍団がついに敵軍と相対する。開戦のきっかけはさまざまだが、飛び道具の投げ合いから始まることが多い。これに一区切りがつくと、将軍の合図によって軍団は小走りに前進。敵陣が近づいたら歩調をゆるめて、ピルム(投槍)を思いきり投げつける。ここでどれだけ敵兵の持つ盾を無効化できるかがポイントだ。

そしてここからが本番。剣を抜き放ったローマ軍の兵士たちは、力強く雄叫びをあげ、残りの距離を整然と、だが一気に走り抜く。分厚く重い、一枚の壁となって敵陣にぶち当たるのだ。これには、まともに当たった正面の敵はひとたまりもない。思いきり吹き飛ぶ。そうして乱れが生じた敵陣を勢い良くこじ開けたところに、第2陣が剣をふるって突入するのだ。

やがて陣形は乱れ、自らの疲労も濃くなる。それでも味方から離れてはならない。乱戦時の孤立は死を招く。勝敗が決した後は、逃げる敵を追って切り伏せるのも良い。だが、勝ち戦の最後に命を落とすのはバカバカしい。まずはきちんと生きて帰ることが大切だ。

戦闘①準備

偵察から始まり、外堀を埋めていく

戦闘を始める前に、偵察や土木作業を行った。ローマ軍の建設技術のレベルは高く、ものすごい速さで外壁を築いた。

交渉や偵察

敵の都市を無傷で落としたい場合は、相手へ降伏するよう交渉する場合がある。また、敵の偵察も行い様子を探った。

土木作業

交渉が進んでいる間、攻城用の土木作業を行った。大型の弩砲（どほう）（バリスタ）の組み立てや、攻城壁や櫓（やぐら）を数千人で建設した。

外壁

長期の攻城の場合、都市から人が出ていかないよう包囲網としての外壁を築いた。脱出を防ぐほかに、外からの食糧の供給を止めさせる効果もあった。建設作業のスピードはものすごく速く、長さ約8kmの壁を1週間で建てたという。

戦闘②攻撃

呪いの言葉が刻まれた石を投げつけた

攻城戦には威力の高い大型兵器を用いたり、殺傷能力の高い石つぶてを投げつけたりした。

バリスタ（弩砲（どほう））

石弾や矢を遠くに飛ばす大型兵器。「ねじり式」と呼ばれるしくみが用いられ、弾力のある動物の腱や髪の毛をねじって大綱を作り、ねじりの張力を利用して作られた。

石器

投石手は、卵型の鉛のつぶてや、殺傷能力が高い石つぶてを投げた。つぶてには「おまえに悪いことが起こるように」といった呪いの文言が刻まれた。

火

火矢を射かけ、敵の木造の攻城機に火をつけた。町に火事を起こすのを狙ったりもした。防衛側は攻城機に牛皮をかぶせて火がつくのを防いだという。

梯子で壁を登る

敵の城壁に梯子を使って一斉によじ登ることもあった。梯子が長すぎると兵士たちの重みで折れることもしばしばあったという。

戦闘③会戦

最初に突撃するのは若手の兵士

陣形を組み総勢5000人の兵士で敵と戦った。1軍団は3列で構成され、巨大な壁を作りながら敵に突撃した。

突撃

ローマ軍は密集陣形を組み、1枚の壁のように敵にぶつかった。1列目が崩れると、2列目が前に出て戦い、それでも撃破できなければ3列目が突撃するという戦い方だった。

陣形

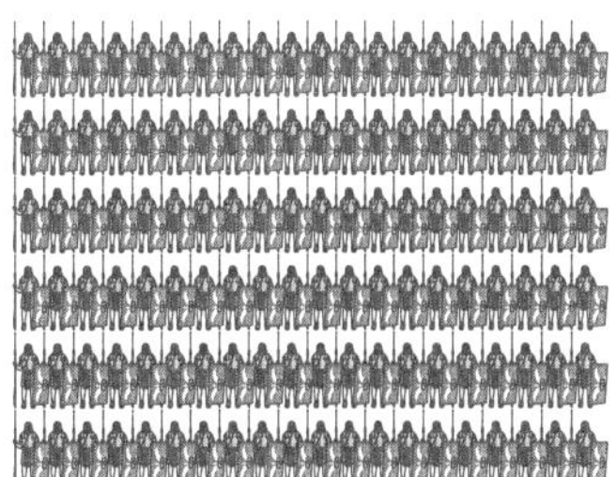

マニプルス

ひとつの隊をマニプルスという。1マニプルスは2隊の百人隊(1隊で60名)で構成され、総勢120人いた。1軍団は30マニプルスと、軽装歩兵や補助軍、騎兵を合わせ4200～5000人いたといわれている。

ハスタリ

プリンキペス

トリアリイ

3段構成

1軍団は30の隊からなり、3つの列で構成された。第1列はもっとも若い兵士のハスタリ、第2列は中堅兵士のプリンキペス、第3列はベテラン兵士のトリアリイとなる。1軍団は隊が横に10隊ずつ3段に並んだ。

帝国軍の作法
その11

ワインや酢を消毒薬として傷口に塗っていた

該当する時代 ▷	王政期	共和政期	**帝政期**

該当する人々 ▷	皇帝	**富裕層**	**自由人**	奴隷

戦場でケガを負った場合は医師や衛生兵が治療を行った

戦局が決したあと、敗者は勝者による情け容赦のない追撃にさらされる。誰も負傷者をかまう余裕はない。たとえ大ケガを負ったとしても、自陣に戻ることができればそれでラッキーとすべきところだろう。とはいえケガの程度によっては軽い処置では済まず、手術が必要とされる場合もある。そのため軍団内には専門のスタッフがいた。

戦場で受けた刀傷を手当てするのは、補助軍の衛生兵の仕事だった。消毒薬に使われるのはワインや酢、オリーブオイルなど。消毒済みの器具を駆使して縫合を行い、傷の上には亜麻布の包帯を巻いた。出血が止まらないときは血管を結紮。時には熱した鉄で血管を焼灼することもあった。

矢傷はメディクスと呼ばれる医師が治療を担当した。百人隊長と同等の階級にあり、医学の訓練を積んでいる。メスや鉗子、手術部位を開く開創器などは当時もあった。これら専用の医療器具を用い、メディクスは矢を抜き、切断された腱をつないだ。また、成功率は低かったにしろ、腸や腹腔内の手術にトライすることもあった。麻酔薬に用いたのは主にケシ汁。ヒヨス（ナス科の植物）の種を使うこともあった。しかし現在の麻酔とはワケが違う。泣き叫ぶ患者を前に冷静に処置を行うメンタルの強さもまた、医師には不可欠の能力だった。

戦争と不可分の社会において、兵士の存在はきわめて重要だ。戦闘で負傷した者は、明るく清潔な病院で治療の時を送らせてもらえる。そこに将軍自ら足繁く見舞いに訪れるのも、兵士が戦力として尊重されている所以である。そうして負傷が癒えるまで手厚い看護を受けられるのは、次回また命がけで戦うことを期待されているから。だとしたら、当人には多少複雑な気持ちもあったかもしれない。

医療

当時の消毒液はワイン・酢・オリーブ油だった

ローマ軍には負傷者の手当てをする衛生兵がいた。重傷者の手術の際には、さまざまな道具が用いられた。

救護所

戦場の医療

傷の手当ては補助軍の衛生兵が主に行った。ワインや酢、オリーブ油を消毒液として使い傷口を清潔にし、亜麻布の包帯を巻いた。出血が止まらない場合は熱した鉄で焼灼した。

道具

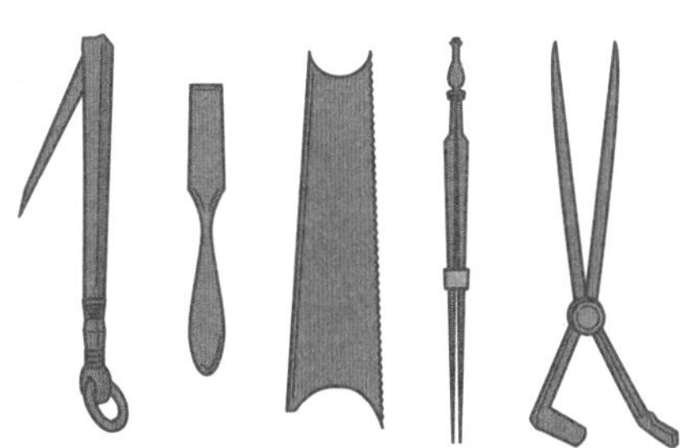

メスと鉗子

手術は医学の訓練を積んだ階級の者が行った。切開用のメスや体内から矢を抜くための鉗子など、さまざまな道具を用いた。

ローマFILE

当時の麻酔薬はアヘンやヒヨスだった

古代ローマの時代には全身麻酔薬がなかったため、麻酔剤の代わりとして幻覚作用をもたらすアヘンやヒヨスを使用した。ほかにも、ワインなどのアルコールを飲ませて痛覚を鈍くさせる方法もあった。しかし、手術中は絶叫する程の痛みがあり、暴れないよう体全体を台座に縛り付けてから手術を行ったという。

規律を違反した者には便所掃除をさせた

該当する時代	王政期	共和政期	**帝政期**

該当する人々	皇帝	**富裕層**	**自由人**	奴隷

歩哨任務中の居眠りは厳罰！出陣中だと死刑になった

軍隊は規則を重んじる。ローマ軍でも規則違反者は、犯した罪の重さに応じた罰を受けた。もっとも軽微な罰が叱責、罰金である。百人隊長が葡萄の木の枝で作った棒で違反者を一発、もしくはさんざんに打ちすえるのが叱責。装備をなくしたり、市民と騒ぎを起こすなどしたとき、損害分を給料で支払わされるのが罰金だ。

労役は勤務をもって償うもの。厩舎や便所まわりの雑務などだ。女性のようなチュニック姿で歩哨に立たされる罰もある。労役の一種だが、ちょっとしたイジメのようでもある。余分な出費を受け入れるなら、百人隊長に賄賂を贈って罰金に減免されることも。

以上は比較的軽微な罰。一方、次に挙げるものはできれば避けたい重大な罰則だ。まずは軍務変更。階級剥奪され、兵役の最大のうま味である長期勤務に応じた特典を失う。特典喪失に、降格がセットとなる場合もあった。

叱責は罰としては軽微だが、歩哨中の居眠りなど職務怠慢が明らかな場合に執行される杖刑はレベルが違う。これが出陣中となると、一命をもって罪を償わなければならない。死刑である。有罪が決まると、まず指揮官が罪を犯した兵士を部隊全員の前で軽くひと打ち。そしてそのあと、同僚の兵士たちが杖や石で打ったり蹴ったりして、昨日までの仲間に引導を渡すのだ。

部隊単位で行動する兵士には、共同責任としての集団罰もある。食事が肉抜きになったり、減給されるのはまだ良いほう。より重い罰となると陣営から追いだされ、塀や壁の外で寝起きさせられることになる。反逆行為を行ったときに科される十分の一刑というものがある。処罰対象の部隊の中から抽選で10人に1人を選んで、残りの9人に打ち殺させる刑だ。この生き残り9人も、陣営の外に追いだされた。

処罰

居眠りしたらアウト！　杖打ちでボコボコに

ローマ軍には規律違反や職務怠慢によるさまざまな処罰方法があった。極刑は死ぬまで集団で杖打ちされた。

叱責

誰でも一度は受ける処罰。遅刻などの軽度の違反があった場合、百人隊長に手に持っている棒（葡萄の木の枝）で叩かれた。

労役

ささいな規律違反で余分な勤務を課せられることもあった。便所まわりの掃除のほかに、屈辱的な格好をさせられて立たされることがよくあったという。

集団罰

部隊で規律違反をした場合、陣営の堀の外に部隊ごと追い出され、天幕で寝起きさせられた。ほかにも軽微な罰を伴うことが多かった。

杖刑

歩哨中に居眠りをした場合、部隊全員の前で繰り返し杖で打たれた。反乱などの重罪を犯した場合は死刑となり、仲間の兵士から死ぬまで蹴られたり杖打ちされた。

帝国軍の作法
その13

退役すると国から年金が支払われた

該当する時代	王政期	共和政期	**帝政期**

該当する人々	皇帝	**富裕層**	**自由人**	奴隷

25年間の軍隊生活を終え自由を手に入れたものの…

兵士が除隊をするとき、軍団記録簿の次の該当項目のいずれかに記載されることになっている。名誉除隊、傷病除隊、不名誉除隊、そして死亡である。

兵役を無事まっとうするのが名誉除隊だ。皇帝も軍もその働きを認めた証として、多くの役得が与えられる。もちろん年金も満額支給だ。負傷により軍務不適となるのが傷病除隊。軽い障害でも、任務遂行が難しいと判断されれば除隊となる。これも名誉除隊のうちとされ、勤務期間の長さに応じて年金の権利がついてくるのがせめてもだ。

名誉除隊の反対が不名誉除隊。兵士として不適格な人物との烙印(らくいん)を押され、ほかの公務につく道も閉ざされローマに住むこともできなくなる。

死亡は言うまでもないだろう。軍隊を去るひとつの道ではあるが、できれば誰もが避けたい運命である。

25年は長い。青春時代の、ほぼすべてを軍隊生活に費やすのである。そこから解放された気持ちは一言では言い表せないだろう。朝から晩まで任務に追いたてられることはない。ラッパの音に背筋を伸ばす必要ももうないのだ。

と、ここで元兵士はとまどう。自由を得たのは嬉しい。だが、自分は何をしたら良いのか。先の見えない市民生活を前に途方に暮れたとき、兵舎に戻るのもひとつの選択。退役時に40代なら、まだしばらく頑張りが利く。あるいは年金を元手に商売を始めるのも良い。顔の利く兵舎に物資を提供する業者になるとか。むろん結婚も良いだろう。

除隊の際には、特に証書のようなものがもらえるわけではない。ただ、補助軍の兵士には除隊を記録する青銅板が与えられる。さらにそれ以上の特典といえるのがローマの市民権。これには反逆の芽を摘むという裏の理由がある。軍隊生活で得た知識を、故郷に戻って悪用されないための補償なのだ。

兵士たちの除隊後の選択肢

兵役を満了したあとは、結婚したり新しい事業を始めたりした。また、同盟国の除隊兵士が反乱を起こす場合もあった。

除隊

傷病除隊

負傷して重い障害を負った場合、除隊となった。負傷者は徹底的に医師に検査され、将来性がない者は勤務を継続することができなかった。

不名誉除隊

謀反や、上官への不服従など重罪の場合、除隊となった。激しい杖打ちの処罰を受け、不名誉の印として一生消えない傷跡を負った。

その後

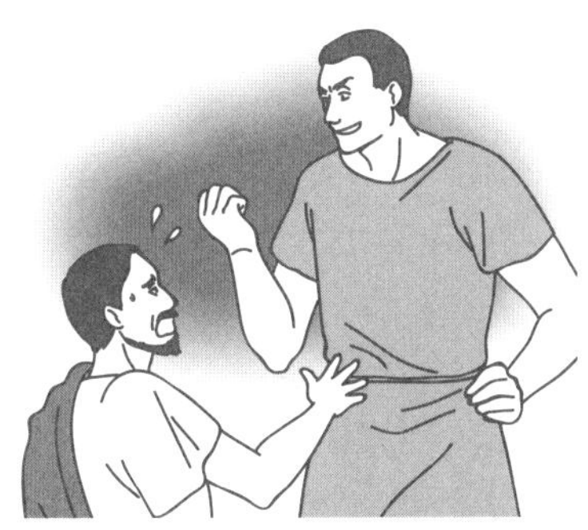

結婚

兵舎の外に事実上の妻を抱えている兵士が多かった。征服した領地で新しいスタートを切るため、結婚して無関係な仕事を始める者もいた。

盗賊・敵

除隊後に盗賊になり悪事を働く兵士もいた。また、同盟国の補助軍だった兵士たちが除隊後につくったゲリラ部隊を相手に、ローマ軍はあやうく敗北しかけたことも。

column ④

大帝国の皇帝であっても、必ず戦地に赴いていた

多くの皇帝が危険を冒して兵士を鼓舞した

ローマ皇帝は戦いのさなか、王座に腰を下ろしてただ戦いの終わりを待っていたわけではない。当時の皇帝は、一国の頂点に君臨する者でありながら、軍をも束ねる最高司令官でもあったのだ。そのため、自らが軍隊を率いて戦地へ赴くことも珍しくはなかった。

とはいえ皇帝が実際に剣を手に取り、戦うわけではない。しかし、国のために戦う兵士を束ねる司令官として、勝利のために戦場の最前線に赴き、兵士たちを鼓舞し、労うという行為は時間もかかるし危険も伴う。普通の生活をしている人からしたら、話すどころか、お目にかかることすら難しい雲の上の存在の皇帝が、自分たちのために危険を顧みず戦地に足を運んでくれたという事実は、多くの兵士たちに勇気と活力を与えたに違いない。

SPECIAL EDITION②

古代ローマに詳しくなれる！
ラテン文学と遺跡FILE

近代ヨーロッパ文学の基礎をなしたラテン文学。哲学・美術・芸術として数々の詩・戯曲・小説が生まれた。また、ローマ帝国の都市の遺跡は現代にも残され、歴史的建造物が多数ある。ここでは、古代ローマをさらに知るべく、代表する作家や遺跡について解説していく。

キケロ

生没年：前 106 ～前 43 年
作品 :『構想論』

ローマの騎士身分の家に生まれたキケロは、政治家であり思想家であった。雄弁家としても有名であった彼は、25 歳のときに弁論家にもなり、数多くの成功を収めている。彼の有名なエピソードは、当時最高の弁論家と評されていたホルテンシウスとの論戦で大勝利を収めたこと。これは『ウェレスの弾劾演説』にまとめられており、当時のローマの属州支配に関する貴重な資料として、今でも重宝されている。

弁論家としては遅咲きであった

キケロの師匠であったルキウス・クラッススは 20 歳、ホルテンシウスは 19 歳で弁論家になっているため、あまり早いデビューではなかった。

大プリニウス

生没年：23〜79年
作品 :『博物誌』

若くして文学や法律、雄弁術など、多岐にわたる教養を身に付けていた大プリニウスは、軍人としての訓練も行っていた。23歳から10年ほど、将軍として活躍した後、持ち前の知識を活かして『博物誌』という百科事典のような書物をまとめている。この書物では、天文学や植物学、薬学から彫刻などの芸術分野までが幅広く扱われているため、今でも権威ある科学書とされている。

死因は意外なものだった

79年、イタリアの古代都市ポンペイを襲った大噴火に巻き込まれた大プリニウスは、喘息持ちであったこともあり、煙を吸い込んで亡くなったといわれている。

ウェルギリウス

生没年：前70〜前19年
作品 :『アエネイス』

農家に生まれたウェルギリウスは、ローマ古典期を代表する詩人である。ローマで修辞学を修めたが、内気な性格であったために弁論で身をたてることはあきらめ、詩人への道に進むことを決心。それから、生涯詩作を続けたウェルギリウスの戦争に負け放浪人となった男がローマ建国の祖となるまでを描いた叙事詩『アエネイス』は、ラテン文学の最高傑作といわれている。

実は未完成だった

11年かけて制作された『アエネイス』は、未完の作品であり、彼の遺作でもある。本人はこの作品の焼却を望んだが、初代皇帝アウグストウスの命により刊行された。

スエトニウス

生没年：70 ?〜? 年
作品 ：『皇帝伝』

ローマの騎士階級の家に生まれたスエトニウスは、ローマ帝政初期の伝記作家として知られている。皇帝の秘書を務めていたが、解雇されてからは執筆に打ち込むようになった。現存している彼の２つの作品から伝記作家のイメージが強いが、実は伝記以外にも数多くのジャンルの著述を行っている。一番有名な伝記『皇帝伝』は、12 人の皇帝の逸話が豊富で、皇帝に対する後世のイメージに大きな影響を与えた。

かなり長命だった

長生きしたことでも知られているスエトニウスだが、その晩年は謎に包まれており、没年も122 年以後ということしかわかっていない。

オウィディウス

生没年：前 43 〜後 17 年
作品 ：『変身物語』

ローマ帝政初期に活躍した恋愛詩人家であったオウィディウスは、『恋さまざま』、『名婦の書簡』といった作品がローマの上流社会の人々に受け入れられたことをきっかけに一躍有名人となるが、皇帝による綱紀粛正政策が始まると、その評判は急落。国外へと追放され、帰国は叶わなかった。しかし、そのさなかで執筆した『変身物語』は、旧約聖書に類似する点が多くあるとされ、ヨーロッパ中で愛読された。

芸術家にも影響を与えた

『変身物語』は、ルネサンスの芸術家たちの神話的題材ともなり、シェークスピアなどにも大きな影響を与えている。

ペトロニウス

生没年：?～66年
作品：『サテュリコン』

詩人でありながら、皇帝ネロの側近としても活躍したペトロニウス。皇帝から「雅趣の判定者」と呼ばれるなど、寵遇を受けながら過ごしていたが、反逆罪の嫌疑をかけられ自殺を命じられた。西洋最初の小説ともいわれている『サテュリコン』は当時蔓延していた悪徳を、フィクションを利用して風刺した作品となった。また、彼の作品は第一級のローマの風俗資料としても重宝されている。

苦味と混ざり合っていない甘みはない

贅沢な暮らし

皇帝から寵遇されていたこともあり、その生活は歓楽と遊興のうちに過ごすという大変贅沢なものだったが、職務には非常に熱心に取り組んでいた。

人間は富と良識を同時に恵まれず

リウィウス

生没年：前59～17年
作品：『ローマ建国史』

歴史家であったリウィウスは、長くローマで過ごしたが公職に就くことはなく、政治的・軍事的体験はしてこなかったと伝えられている。皇帝アウグストゥスの文学サークルで40年という月日を費やしたリウィウスは、アウグストゥスの世界統一に至るまでの歴史記述『ローマ建国史』を著したことで有名だ。キケロの文体を模したリウィウスの表現は、ラテン文学を代表するものとして、語り継がれている。

『ローマ建国史』は142巻に及ぶ超大作

全142巻と長い歴史書となった『ローマ建国史』だが、現存しているのは35巻のみで、そのほかの巻は要約されたものが残っているにすぎない。

一度は行きたい

古代ローマの遺跡

現在でもローマには、古代にタイムスリップしたかのような気分が味わえる遺跡が数多く存在する。ここでは、その中でも特に足を運びたいスポットとして人気を集めている場所を紹介する。

コロッセウム

かつて多くのローマ市民が熱狂した娯楽場

約 2000 年前に闘技場として作られたコロッセウムは、世界遺産にも登録されており、現在でも毎日観光客が行列を作るほどのイタリアを代表する観光名所である。コロッセウムの壮大な外観はもちろん、内部にある当時のまま残された観客席や、さまざまな闘いが繰り広げられた地面の下につくられた部屋などを見ることができる。収容人数は4万 5000 名。最上階の立ち見席は 5000 名。

フォロ・ロマヌム

当時のロマンが詰まった古代ローマの中心地

さまざまな建物跡が立ち並ぶフォロ・ロマヌムは、すべてが残っているわけではないにしろ、当時の生活を垣間見ることができるスポットとなっている。皇帝たちは、自分の死後も人々の記憶に残り続けることが成功だと考えていた。11代皇帝ドミニティアヌスによって建てられた「ティトゥスの凱旋門」は、今でもフォロ・ロマヌムに残されている。

パラティヌスの丘

豪邸の跡地が数多く並ぶ丘はローマ最古の地

フォロ・ロマヌムを一望することのできるここは、ローマの中でもっとも歴史が古い丘で、古代ローマ時代の高級住宅地や、歴代皇帝の公邸や私邸跡が立ち並んでいた。現在でも、1世紀にドミティアヌス帝が官邸として建設した建物や、初代皇帝アウグストゥス邸跡など名だたる王が遺した建築物を見ることができる。パラティウム（宮殿）が多く建設されたことに由来して「パラティヌスの丘」と名付けられた。

パンテオン

古代ローマ時代の傑作！
世界最大の宗教施設

2000年も前に建てられたパンテオンは現存する石造り建築の中では世界最大級のスケールの建築物として現在でも人気を誇っている。パンテオンは、すべての神々を祀る場所として建てられた説もあり、キリスト教が国教化されてからは、教会堂として活用され、その姿を残している。パンテオンは、外観のスケールや建築から見る歴史的背景のほかにも、宗教的意味でも注目を浴び続けている。

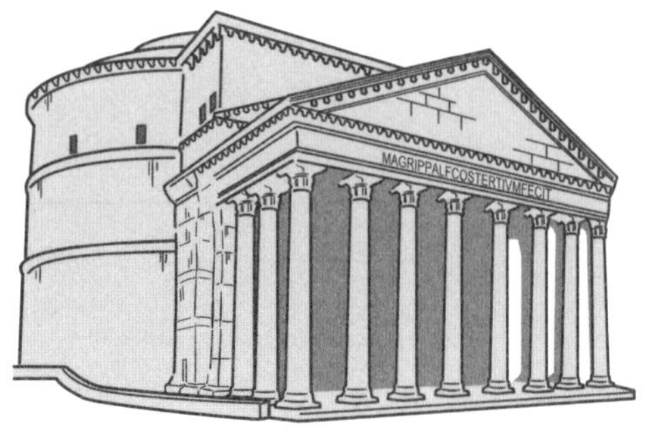

フォルム・トライアニ

戦争に勝利した祝いで作られた
市民の憩いの場

フォルム・トライアニは、「トラヤヌスのフォルム」という名で有名な古代ローマを代表する建築物のひとつ。戦争に勝利したことを記念して、五賢帝の１人であるトラヤヌスの命により建設されたと伝えられている。現代でいうショッピングセンターのような役割を果たしていたフォルム・トライアニは、公共広場として毎日多くの市民で賑わっていたとされる。

コンスタンティヌスの凱旋門

ローマで一番大きな建築物は最高のフォトスポット

4世紀初頭の皇帝コンスタンティヌスが戦争の勝利を記念して建てた凱旋門は、ローマでもっとも大きな建築物。保存状態も良く、この場所を背景にした写真は映えると好評だ。また、ほかの皇帝が残した記念碑もこの凱旋門にいくつか移設されており、異なる彫刻から、古代ローマ時代の芸術の変遷が見て取れるのも見どころのひとつだ。

アルジェンティーナ神殿跡

現在では猫の保護区となっている神殿跡

パンテオンから徒歩５分圏内の場所にあるアルジェンティーナ神殿跡は、神殿の面影を残したドーム状の遺跡。倒れた石柱や朽ちたレンガの壁など、時代の流れを彷彿とさせる景色を一目見ようと多くの人が集まる場所だ。また、現在はたくさんの野良猫を保護するシェルターとしても活用されており、気持ち良さそうに日向ぼっこをする猫を眺めることができるなど、癒やしの空間にもなっている。

サンタンジェロ城

皇帝の墓として建てられた聖なる天使の城

古代ローマに皇帝の墓として建てられた城は、要塞として使用されたり、時には皇帝の避難所として活用されたり、監獄として利用されたこともあった。時代を追うごとに用途を変え、現代まで姿を残したサンタンジェロ城へ続く橋には天使が並び、城の頂上にも空に剣をかざした天使の像が建てられている。サンタンジェロは、イタリア語で「聖なる天使の城」。その名の通り、天使に守られた姿が印象深い城だ。

アッピア街道

人の手で作られた石畳の長い道

古代ローマ時代にすべて手作業で作られた総距離 15 万kmともいわれているローマ街道が存在する。その中でも一番歴史が古いのがアッピア街道。真っ直ぐに続く道を歩くだけで数多くの遺跡を見学できるだけでなく、当時の最高技術であった水道橋までを散策することができるため、近年映画などの影響で注目を集めている古代ローマの浴場に興味を持った人々が多く訪れている。

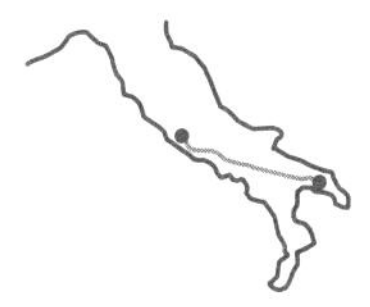

カラカラ浴場

安らぎの空間では期間限定で野外オペラも楽しめる

第 22 代皇帝のカラカラによって造営されたカラカラ浴場は、格安の料金で誰でも入場できたため連日多くのローマ市民で賑わっていた。ほかにも、図書館や劇場、集会場が備わっているなど、市民にとってはまさに憩いの場だった。時代が進むにつれ使われなくなったカラカラ浴場だが、現在でも数多くの人たちの癒やしとなった浴場の装飾などを楽しむことができる。

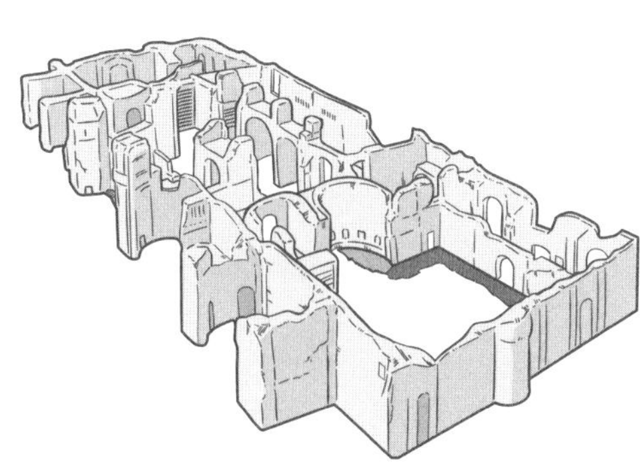

古代ローマ時代年表

時代	年	歴史
王政期	【紀元前】753	ローマ王国建国（伝承）
	509	共和政開始。L・ユニウス・ブルートゥス、タルクィニウス・コラティヌスが初代執政官に就任（伝承）
共和政期	312	アッピウス・クラウディウスがアッピア街道の建設開始
	272	イタリア統一
	264	第一次ポエニ戦争（～前241）
	218	第二次ポエニ戦争（～前201）
	215	第一次マケドニア戦争（～前205）
	202	大スキピオ、ザマの戦いでハンニバルを撃破
	202	ローマ初の銀貨の発行
	201	カルタゴ降伏
	200	第二次マケドニア戦争（～前197）
	199	ナエウィウス（前269年～）死去
	197	第二次マケドニア戦争（前200年～）終結（アドリア海とイオニア海が「ローマの湖」となる）
	192	シリア戦争（～前188）
	186	アエミリウス・パウッルス、ピュドナの戦いでマケドニア王ペルセウスを撃破し、マケドニア滅亡
	184	カトー、監察官に就任、大スキピオ、リテルヌムへ隠棲
	182	奢侈禁止に関するオルキウス法（饗宴の人数制限）
	171	第三次マケドニア戦争（～前168）
	161	奢侈取締に関するファンニウス法（雲宴の費用の制限）
	160	アエミリウス・パウッルスの葬儀（テレンティウスの喜劇『兄弟』上演）

※時代区分は西洋史を基準にしています。

共和政期	149	第四次マケドニア戦争（〜前148）と第三次ポエニ戦争（〜前146）
	146	カルタゴ破亡。コリントスを破壊し、アカイア属州を設置
	143	奢侈禁止に関するディディウス法（ファンニウス法の全イタリア適用）
	135	第一次シチリアの奴隷反乱（〜前132）
	133	護民官ティベリウス・グラックス、土地改革実施
	132	護民官ガイウス・グラックス、兄の改革を継続（〜前122年）
	121	執政官オピミウス、独裁官に就任し、グラックス派を弾圧（良質のワインが採れた年）
	107	ヌミディア王ユグルタ、ローマに引き渡される
	104	第二次シチリアの奴隷反乱（〜前100）
	91	同盟市戦争（〜前88年）
	80	ポンペイ、ローマの植民地となる
	74	第三次ミトリダテス戦争（〜前63年）
	73	スパルタクスの反乱
	63	キケロ、カティリーナの陰謀を粉砕
	60	カエサル、クラッスス、ポンペイウスによる第一次三頭政治成立
	58	カエサルのガリア遠征
	55	ポンペイウス、最初の石造劇場建設
	52	ミローがクロディウスを殺害、キケロがミローを弁護
	49	カエサルがルビコンを渡河し、内乱勃発（〜前48）
	48	ファルサロスの戦い（カエサル、ポンペイウスに勝利）
	44	カエサルが終身独裁官に就任するが、暗殺される
	42	フィリッピの戦い（オクタウィアヌスとアントニウス、ブルートゥスに勝利）。アグリッパ、ユリウス水道を竣工
	43	オクタウィアヌス、アントニウス、ルピドゥスによる第二次三頭政治成立

共和政期	31	アクティウムの海戦
	30	アウグストゥス、エジプトを征服し皇帝直轄属州とする。プトレマイオス朝の滅亡
	27	オクタウィアヌスが「アウグストゥス」の称号を元老院から授与され、帝政開始
帝政期	25	アグリッパ、ローマ市最初の共同浴場建設開始（次代の共同浴場のモデル）
	23	アウグストゥス、護民官職権と上級プロコンスル命令権を付与さる
	18	婚姻階層に関するユリウス法（婚姻と出産を奨励）、姦通規制に関するユリウス法の制定
	6	ティベリウス、ロードス島に隠棲
	2	ナウマキア池で模擬海戦ショーを開催
	【紀元後】6	アウグストゥス、自由民で警察消防隊を編成
	9	パピウス・ポッパエウス法で婚姻階層に関するユリウス法を修正
	14	アウグストゥス帝の死亡とティベリウス帝の即位
	30頃	キリストの処刑
	37	ティベリウス帝の死亡とカリグラ帝の即位
	41	カリグラ帝の暗殺とクラウディウス帝の即位
	48	クラウディウス、妃のメッサリーナを処刑（翌年、姪の小アグリッピナと結婚）
	52	クラウディウス水道と新アニオ水道竣工（両水道ともカリグラが38年に着工）
	54	クラウディウス帝の死亡とネロ帝の即位
	60	ネロ、マルスの野に総合体育施設（共同浴場・体育場）完成
	64	ローマ大火発生。ネロ帝によりキリスト教徒迫害が開始
	65	セネカ自殺
	68	ガリア総督ウィンデクスがネロ帝に対して反乱。ネロ帝の自殺
	69	帝位を逐って内乱勃発。内乱を制したウェスパシアヌス帝の即位

時代	年	出来事
帝政期	79	ベスビオ火山の大噴火（ポンベイの滅亡）
	80	ティトゥス、コロッセウムとティトゥス共同浴場を竣工（共同浴場の娯楽施設化始まる）
	96	ネルウァ帝即位（在位〜98年）、五賢帝時代開始
	98	トラヤヌス帝即位（在位〜117年）
	109	トラヤヌス水道とトラヤヌス共同浴場完成
	114	小プリニウス死亡（62年〜）
	118	ハドリアヌス帝、ティヴォリの別荘の建築開始（〜133年）
	180	マルクス・アウレリウス・アントニヌス帝が死亡し、その息子コンモドゥスが帝位に就いたことで五賢帝時代が終了
	192	コンモドゥス帝の暗殺により帝位を巡る内乱勃発
	193	内乱を制したセプティミウス・セウェルス帝が即位
	235	軍人皇帝時代の開始
東西分割	293	ディオクレティアヌス帝が帝国の四分統治を開始
	305	ディオクレティアヌス帝が共同浴場を奉献
	313	ミラノ勅令によりキリスト教が公認される
	330	コンスタンティヌス帝により、コンスタンティノープル遷都が行なわれる
	380	テオドシウス帝、キリスト教を事実上国教化
	392	キリスト教以外の宗教の信仰が禁止され、キリスト教が国教となる
	395	ローマ帝国が東西に分裂
	402	ラヴェンナ、西ローマ帝国の首都となる
	410	西ゴート王アラリクスによるローマ略奪
	476	ゲルマン人傭兵隊長オドアケルにより西ローマ帝国滅亡

おわりに

古代ローマ時代に多様な社会を学ぶ

『古代ローマ 饗宴と娯楽の作法』をお読みいただいて、いかがだったでしょうか？

古代ローマ帝国は、異なる多くの人種が異なる価値観、異なる宗教観を持ちながらも共生していた多様かつ寛容な国家でした。とはいえ、必ずしも自由で平等な社会を築いていたわけではなく、奴隷制度を代表とした相当な格差社会であったことは否めません。

大帝国が築かれてから2000年の時を経て、さすがに奴隷制度はなくなりましたが、私たち人類は多様な価

値観を認め合っているでしょうか？　素晴らしい未来を築けているのでしょうか？　宗教間の争いは絶え間なく起こっているし、文明の衝突も数多く起きているのが現状です。

くしくも古代ローマ帝国は滅びの道を歩んでしまいましたが、私たちが生きるこの世界だってなくならないとは限りません。同じ轍を踏まないようにするためにも、この時代を見つめ直すことはとても大切であると思いますし、こんな今だからこそローマの歴史に触れるべきであると深く感じました。

古代ローマ人について書かれた本書が、たくさんの人の手に渡ることを願ってやみません。

祝田秀全

参考文献

◆ **書籍**

『教養としてのギリシャ・ローマ 名門コロンビア大学で学んだリベラルアーツの神髄』
中村聡一 著（東洋経済新報社）

『教養としての「ローマ史」の読み方』本村凌二 著（PHP研究所）

『古代ローマの生活』樋脇博敏 著（角川ソフィア文庫）

『古代ローマの日常生活』ピエール・グリマル 著　北野徹 訳（文庫クセジュ）

『図説　地図とあらすじでわかる！ 古代ローマ人の日々の暮らし』阪本浩 監修（青春新書）

『図解雑学 ローマ帝国』阪本浩 著（ナツメ社）

『図解　古代ローマ』スティーヴン・ビースティ イラスト　アンドルー・ソルウェー 著
松原國師 監訳　倉嶋雅人 訳（東京書籍）

『イラストでわかる 古代ローマ人のくらし図鑑』新保良明 監修（宝島社）

『図解 古代ローマ人の日常生活』（洋泉社MOOK）

『オスプレイ戦史シリーズ1 グラディエイター 古代ローマ 剣闘士の世界』
ステファン・ウィズダム 著（新紀元社）

『古代ローマ旅行ガイド　一日5デナリで行く』
フィリップ・マティザック 著　安原和見 訳（ちくま学芸文庫）

『奴隷のしつけ方』マルクス・シドニウス・ファルクス 著
ジェリー・トナー 解説　橘明美 訳（ちくま文庫）

『古代ローマ人の24時間 よみがえる帝都ローマの民衆生活』
アルベルト・アンジェラ 著　関口英子 訳（河出文庫）

※そのほか、数多くの資料を参考にさせて頂きました。

監修　祝田秀全（いわた・しゅうぜん）

東京都出身。歴史学専攻。世界史研究者。本郷高校講師、大学受験予備校講師、東京外国語大学アジア・アフリカ言語文化研究所研究員を経て、聖心女子大学文学部講師となる。子ども向け、大学生・社会人向けに書かれた世界史にまつわる書籍が多い。主な著書に『銀の世界史』（筑摩書房）、『東大生が身につけている教養としての世界史』（河出書房新社）、『近代建築で読み解く日本』（祥伝社）、『2時間でおさらいできる世界史』（大和書房）、『歴史が面白くなる東大のディープな世界史1・2』（KADOKAWA/中経出版）など多数。1960年代の社会的流行現象の研究、喫茶店めぐり、ライカなど、趣味も豊富に持っている。

STAFF

企画・編集	細谷健次朗、柏 もも子、中原海渡、工藤羽華
営業	峯尾良久、長谷川みを
執筆協力	野村郁朋、村沢譲、龍田昇、玉木成子
イラスト	熊アート
デザイン・DTP	G.B. Design House
表紙デザイン	深澤祐樹（Q.design）
校正	水口拓郎（東京出版サービスセンター）

古代ローマ　饗宴と格差の作法

初版発行　2021年11月30日

監修　祝田秀全

発行人　坂尾昌昭
編集人　山田容子
発行所　株式会社G.B.
〒102-0072　東京都千代田区飯田橋4-1-5
電話　03-3221-8013（営業・編集）
FAX　03-3221-8814（ご注文）
https://www.gbnet.co.jp

印刷所　株式会社光邦

ISBN 978-4-910428-11-6